AF391704

ISBN 978-2-9595911-0-5

L'humain à l'ère de l'IA

L'humain à l'ère de l'IA

Comment la technologie rebat les cartes de nos vies et comment y faire face ?

Par Warda Baïliche - Berrached

À ma chère tant aimée.

"En positionnant le focal sur nos failles, nous n'atteindrons pas l'inespéré. Elargissons notre spectre et oeuvrons main dans la main."

Warda Baïliche - Berrached

Pour mieux saisir l'essence de mes propos, il est préférable de suivre l'ordonnancement des chapitres.

A la fin de quelques paragraphes, vous découvrirez des dièses (#) représentants des courants de pensées que j'imagine. Avec lesquels j'invite tout un chacun à s'exprimer ainsi que moi-même à travers mes futures publications.

Prologue

Chers lecteurs, je vous souhaite chaleureusement la bienvenue dans mon monde.

Je vous ouvre les portes d'un livre avant-gardiste qui offre un doux mélange de pragmatisme, d'optimisme mêlés à un imaginaire de notre futur.

Il vous fera voyager avec un tour d'horizon de *comment* en tant qu'humain nous pourrions aborder notre avenir à l'ère de l'IA. Un défi bénéfique à bien des égards et à prendre à bras le corps, ensemble.

Le contenu de ce livre s'inspire d'expériences vécues, de recherches, connaissances et réflexions pour vous partager ma vision de nos vies à l'ère de l'IA et plus largement à l'ère des technologies de rupture.

Pour étendre l'impact qu'ambitionne à avoir ce livre, vous êtes invités à contribuer à ce mouvement progressiste de la prise de conscience des apports des technologies et comment elles doivent nous servir et non nous asservir.

C'est pourquoi vous trouverez à la page suivante un QR code.

En partageant vos opinions sur les divers sujets, à participer en proposant des idées ou des témoignages... les thématiques sur lesquelles vous souhaiteriez me voir plus m'exprimer, ainsi que comment vous imaginez notre avenir commun... vous prendrez alors place parmi ceux qui font bouger les lignes. Ou simplement me saluer :)

Au plaisir de vous lire et bonne lecture,

Warda Baïliche Berrached

Dans le cas d'un message d'erreur, veuillez trouver ci-dessous l'adresse complète : https:// fr.surveymonkey.com/r/GVW592S

QR Code menant
vers un formulaire Survey Monkey

Introduction

Fut un temps où nous prenions le moment d'apprécier la simplicité et la douceur de la vie.

Se retrouver sur une terrasse Parisienne, sentir la brise du vent effleurer notre peau, sentir nos cheveux se surélever venant alors nous chatouiller. La douce chaleur du soleil sur notre peau. Tout en nourrissant notre esprit de quelques lignes. Echanger nos opinions avec nos chers, constater alors leurs émotions, débattre pour cultiver l'esprit, rire en éclat, ...

Des sensations intemporelles mais qui semblent nous échapper.

A tel point qu'une initiative lancée par le collectif Offline Club a vu le jour à Amsterdam. Son objectif ? Une cure détox où pour 7,50 euros par heure, vous vous séparez de vos appareils digitaux en enfermant par exemple votre téléphone à l'entrée pour découvrir alors une atmosphère de l'esprit, du partage. C'est comme si en quelque sorte, l'humain sentant perdre pied, souhaite être accompagné (forcé ?) à la déconnection de sa dépendance. Pour se recentrer sur l'essentiel. L'humain.

Après avoir fait face à la crise pandémique de la Covid19, des enjeux économiques, géopolitiques, environnementaux qui nous touchent de près ou de loin nous voilà devant un nouveau défi. Celui-ci est plus subtil à relever car il avance dans l'ombre et à une vitesse incroyable. En à peine quelques millisecondes, il a la capacité de se retrouver partout à la fois à travers le monde. Il se faufile en un instant d'entre nos mains, vers une caméra de surveillance de la ville, vers un avion survolant l'océan Atlantique pour monter vers un satellite. Cyclique, infatigable. Sournois.

Dans ce méli-mélo informationnel quotidien avançant à un rythme effréné et venant de toutes parts, je prends du recul et imagine nos vies, nos êtres évoluant avec ce système anthropomorphe qu'on ambitionne intelligent.

Dans un élan individualiste pour bâtir un meilleur collectif, peindre nos vies futures par les évolutions dont nous fantasmions tant ; l'espace de ces quelques pages que vous tenez entre vos mains et qui nous lient. L'imaginaire que je vois comme un devoir civique sans frontière. **#WorldCitizen**

Comme avancé dans le prologue, je vois ce livre avant-gardiste mêlant un partage philosophique, sociologique, de management et parfois même se laissant emporter vers de la narration de science-fiction. Si vous recherchez du contenu vu nulle part ailleurs et repoussant les limites de notre imagination, accrochez-vous à ce livre durant le moment le plus opportun pour prendre de l'altitude sur nos vies, nos routines. En revanche, si vous recherchez un livre sur l'IA purement technique et rationnel, il est préférable de passer votre chemin tant qu'il est encore temps. En effet, vous risqueriez de vous attacher à quelques passages. **#BookAddict**

Alors que le monde semble s'embraser, envisageons ensemble ce que nous pourrions devenir. Dans le bien comme le mal. Dans la laideur comme la beauté. De l'obscurité à la lumière. De l'anarchie vers plus d'humanisme. Un équilibre à rechercher dont j'expose quelques angles d'approfondissement pour de meilleures prises de décisions. Pour lequel un combat sera à mener pour garder une part d'humanité face à la course folle d'un courant transhumaniste et capitaliste, silencieux, qui a lieu en trame de fond...

Au vu de la déferlante que l'on nomme *intelligence artificielle*, je me pose beaucoup de questions. Vraiment. Comment les évolutions en cours et à venir vont impacter notre **monde** ? Comment les **entreprises** vont pouvoir poursuivre leur activités **économiques** si les systèmes IA pourront automatiser leur proposition de **valeur** ? Comment nos **données personnelles** seront gérées d'ici l'année prochaine ? Comment les personnes étant éloignées des technologies vont **survivre** ? Quelle sera la **religion** de l'IA ? Quelles seront ses **convictions** ? Quelles seront ses valeurs ? Quelle sera leur position **politique** ? Comment se prémunir des **cybercriminalités** croissantes et de surcroît lorsqu'elles seront de plus en plus boostées à l'IA ? Quelles sont les conséquences **éthiques** d'évoluer quotidiennement avec des machines intelligentes ?

Les **biais** dans les algorithmes existants, quels sont ceux qui doivent être pris en **référentiel** ? Qu'adviendra des personnes perdant leur emploi remplacées par une automatisation de leurs tâches ? Quels **métiers** vont-ils exercer ? Les personnes appartenant à une **classe sociale** plus aisée, seront aussi impactées, quelle sera leur avenir ? N'y aura t-il plus que deux classes sociales dans le monde ? Quel sera la solution d'un **état d'urgence** suite à une défaillance d'une machine intelligente devenant alors tueuse ? Comment notre **environnement**, nos ressources qui se raréfient et notre planète de plus en plus usés par cette nouvelle *sangsue technologique* pourront perdurer pour les générations futures ? Comment les **gouvernements** préparent ce choc de civilisation ?... **#NeedAnswers**

A partir de ce point culminant de questions sans réponses, la réflexion la plus essentielle à mon humble avis est à l'échelle sociétale que pouvons-nous faire ? Pour reprendre la philosophie de Denis de Rougemont.

Comme pensaient les philosophes Platon et Descartes, la vérité existe et nous est accessible. Eux parlaient alors de la rhétorique mais dont j'en fait ici un parallèle avec le moment que nous vivons. Où est le vrai du faux ? Encore faut-il vouloir aller à la recherche de cette vérité. Ou encore avoir le *temps* de vérifier sa source. Temps dont sa disponibilité se raréfie.

Nous sommes à une période historique, charnière, où l'information s'entremêle à la désinformation, où au vu de la rapidité des nouveautés, soit on se dit nous n'avons pas le temps de vérifier et je resterai vigilant. Ou à contrario pour la majorité des citoyens, spectateurs par impuissance face à la célérité de ces progrès peuvent se dire j'y crois jusqu'à en avoir la réfutation. Ou encore le dernier groupe de personne trop sceptique ira à la recherche de la vérité par excès de citoyenneté ou peut-être ces informations les impactant personnellement. Bref, **#TooMuchInfo**

Ce qui est irréfutable, c'est lorsque le rationnel alors irrationnel est créé et nous condamne *crescendo* à être dans un état constant de *qui-vive*. Etat de menaces arrivant de toute part. Nous exténuant. Cyber-attaques, attentats, vengeance entre des clans avec des balles perdues, robots dopés à l'IA potentiellement nous asservissant à leur domination, l'environnement se meurt épuisant nos ressources naturelles, deep-fakes mettant en scène des personnalités publiques sous des angles indignes de nos patries, révoltes des citoyens corrélées à des enjeux géopolitiques dirigés par des camps disparates segmentés selon leurs convictions, ... **#WhereIsHumanity**

Vous trouverez dans ce livre un aperçu des réflexions qui me taraudent et malgré plusieurs recherches et lectures, je peine à trouver des réponses satisfaisantes. *Normal* vous me direz. Nous sommes qu'aux prémisses de cette révolution. Dans le panorama des livres Français et anglophones, plusieurs sont excellents dans leur catégorie mais il m'en manque tournés vers l'humain avec une ouverture transverse. Des livres présentants des réflexions, du vécu, des recherches, un imaginaire... Bref, quelque chose de plus près de nos vies quotidiennes, plus proche du peuple, de l'humain, de notre esprit,... Mêlant diverses sujets, élargissant nos points de vue, rapprochant des sujets qui pourraient de prime abord n'avoir aucun lien. Apporter une âme à ce que nous vivons. **#MoreSoul**

À prendre de la hauteur, nous n'avions pas assez de défis à relever dans le monde *réel* que le monde numérique nous en apporte des nouveaux. Plus délicats. Plus puissants en impact. Ayant la force subtile de s'immiscer dans toutes les dimensions de nos vies : familiale, professionnelle, spirituelle, nos pensées,... de plus en plus intime.

Pour le moment, seulement l'intelligence artificielle *générative* a été déclenchée. Beaucoup d'agitation mais le choc de civilisation par l'IA n'ayant pas encore eu lieu, ça reste des hypothèses formulées de par et d'autres. L'onde de choc réelle interviendra lorsque les systèmes d'intelligence artificielle générale auront percé. Le graal des scientifiques, faire raisonner les systèmes, se comporter et prendre des décisions autonomes comme des êtres humains. Comme Elon Musk convoite tant la connexion neuronale Homme-machine en faisant alors un *Homme augmenté* ou un *Homme-Machine*. Est-ce possible ? L'avenir nous dira qui aura vu juste.

De ma fenêtre, j'entrevois deux mondes parallèles.

Le premier monde englobe nos vies connues jusqu'à ce jour remplies de nos joies et de nos tracas. Dans lequel nous sommes souvent hélas trop occupés pour y consacrer une recherche approfondie de ce qui se prépare et à une ouverture de conscience aux innovations foudroyantes qui se manoeuvrent. Une sensibilisation encore trop faible par les gouvernements pour préparer les citoyens à prendre la sortie de virage, la plus délicate surtout sans avoir de visibilité. Une certaine inertie est à noter engendrée par des processus lourds, trop cadenassés et des personnes ne réalisant pas la nécessité de revoir les choses et d'agir *vite*. **#SnailWorld**

Le second monde englobe les entités oeuvrant, vite et sans repos, vers un nouvel ordre mondial. Où les États seraient remplacés par un *état globalisant,* le travail sera redéfinit avec un salaire universel, immigrer vers une contrée, planète lointaine pour se sauver de notre manque de ressources approchant à grands pas, où la technologie aura tellement envahit nos vies, nos villes, nos états,... que nos pensées les plus profondes seront disponibles en OpenData. La colonisation de nos cerveaux, notre être, par les technologies manoeuvrées par une suprématie. **#InnerOpenData & #AnarchyWorld**

Ce bouleversement que nous apporte les nouvelles technologies est magique. Car si vous le remarquez bien, par réflexe psychologique par crainte ou face à l'inconnu nous revenons à l'essentiel. Nous nous recentrons sur nous-même. *L'humain.* C'est ce pourquoi je milite. Nous recentrer sur les valeurs de l'humanité pour construire un avenir radieux et où les technologies nous permettront de faire perdurer notre civilisation. Comme dans un sport de groupe, il va maintenant être question de la jouer *collectif* et rechercher un *équilibre*. Pour éviter de laisser au bord de la route les groupes de personne en péril et ne pas se laisser trop facilement prendre au jeu des bénéfices de ces nouveaux apports techniques, nouveaux joujoux. Nouvelles dépendances tellement assimilées à des drogues que des centres de détox ont émergé.

Alors comment dans nos vies physiques où nous éprouvions déjà des difficultés à trancher entre la certitude et l'incertitude, comment allons-nous agir en passant d'un monde déjà numérique à un monde de plus en plus technologique, métallique camouflé par des artifices psychologiques pour nous les faire accepter. Un monde synonyme de traçabilité et d'effacement, d'espionnage et de contrôles généralisés, mixant le réel et le virtuel, où le raisonnement rigoureux laissera souvent place aux sens et à l'émotion. Au plaisir et à la paresse de l'esprit. Comme on se le rappelle parfois lors de nos expériences de vie, on réalise la valeur d'une chose lorsqu'on la perd.

Je pense aux jeunes et aux futures générations. Ce que nous construisons et tolérons aujourd'hui sera le terrain de vie pour les suivants.

Je suis personnellement une férue de nouvelles technologies et des innovations, toute discipline confondue. Néanmoins, cela ne me prive pas de raisonner et prendre de la distance des mouvements entrainants, parfois harcelants, pour jauger les avantages et inconvénients de ce qui se trame.

Et donc me permettre de forger ma propre opinion et agir selon mes principes et non comme le voudraient les Big Tech, Big State ou autre "Big" oeuvrant pour des intérêts autres. Laissant au passage les principes fondateurs de notre planète, le *vivant*.

Chapitre 1

Qu'est-ce-que l'IA ?

L'intelligence artificielle, une discipline multifacette. Elle polarise et est tellement prometteuse. Elle porte l'espoir pour beaucoup et en effraie beaucoup d'autres. Qu'on soit pour ou contre, le fait d'entendre IA ou intelligence artificielle, des émotions se déclenchent en nous. Un plaisir comme un engouement, un enthousiasme incalculé, l'espoir de pouvoir remarcher ou pour d'autres comme un dégoût, anxiogène, infusant le doute, la frayeur de ne plus avoir d'emploi, ... Ou ne serait-ce qu'une curiosité.

Ce qui est sûr c'est qu'elle déchaîne les passions à travers une actualité depuis le 30 novembre 2022 tantôt quotidienne tantôt hebdomadaire. Décuplée médiatiquement à chaque annonce de nouvelle version de la solution qui nous permet de générer du contenu par une simple demande textuelle via une interface web. ChatGPT 3 est né.

Telle une onde de choc, l'information a été transcendée et était sur toutes les lèvres. Au bureau, les cadres durant leurs pauses café, se questionnaient sur son apport et échangeaient leurs dernières actualités. Après une première phase d'enthousiasme, cette technologie de la décennie 1940 nouvellement accessible à tous questionne et commence à inquiéter. Son potentiel est encore plus subjuguant lorsqu'on sait qu'elle concerne qu'une sous-brique de l'intelligence artificielle : l'IA générative.

Venons à la définition. Si je prends comme exemple la définition du *National Artificial Intelligence Art* des Etats-Unis daté de 2020 : Le terme intelligence artificielle signifie un système basé sur une machine qui peut, pour un set d'objectifs à destination d'humain, fait des prédictions, recommandations ou influence des décisions pour un des environnements réels ou virtuels.

L'intelligence artificielle est devenue une priorité pour plusieurs secteurs et le sujet central de l'économie et de la transformation numérique. Positionnée comme l'un des sujets prioritaires pour l'Union Européenne.

Pour vous définir l'intelligence artificielle selon mes propres termes : l'IA est un système informatique qui est objectivé et défini pour avoir la capacité de reproduire des tâches, des modes de pensées, des émotions, des comportements,... de l'être humain.

Comme nous le faisons déjà, nous avons la capacité de prédire des évènements selon notre éducation, nos expériences et les paramètres à notre connaissance à un instant t. Ce qu'on peut nommer l'action d'"anticiper".

Nos capacités comparées à la force des systèmes IA est d'avoir accès à une base de connaissances mondiale, connaissances enrichies de plusieurs siècles d'évènements, de retour sur expériences, de partages sur les réseaux sociaux pouvant alors prédire statistiquement les émotions des êtres humains selon un évènement et des paramètres bien précis, ...

Clairement, on ne fait pas le poids face à la connaissance inestimable d'un système IA et sa capacité de mémorisation couplée à la puissance de calcul qui s'améliore vigoureusement. Aussi, il faut savoir que l'IA englobe plusieurs disciplines pour pouvoir fonctionner le plus efficacement possible comme par exemple : l'électronique, la robotique, la mécanique et l'informatique quantique.

Pour construire ce système souhaitant répliquer un être humain dans son entièreté sans ses principales limites qui sont le repos, la maladie, les biais cognitifs et la mort ; des connaissances transverses sont alors cruciales pour concevoir un réseau neuronal tel que celui de notre cerveau comme les sciences de la neuroscience, la psychologie, la philosophie et plus largement **pour suppléer l'humain** dans sa globalité, toutes les disciplines existantes.

Historiquement les chercheurs du monde ont développé diverses conceptions de l'IA. L'ambition ultime étant de développer des systèmes intelligents, raisonnant en totale autonomie tel un humain sensé, indépendant intellectuellement et avec une rationalité. Certains la définissent comme un ensemble de propriétés comportementales donc signes extérieurs d'un être humain tandis que d'autres l'appliquent plutôt à des signes internes comme la rationalité pour prendre les "bonnes" décisions.

Les premiers travaux documentés en IA remontent à 1943. Ils consistaient en une modélisation mathématique par les américains Nicolas Rashevsky, considéré comme le père de la biophysique mathématique et le professeur Walter Pitts, ayant travaillé dans le domaine des neurosciences computationnelles (NSC). C'est-à-dire la recherche de compréhension algorithmique générique du fonctionnement du système de notre cerveau et comment il traite les informations associées à notre système cognitif. Les prémisses de l'IA produisant des résultats sans aide dit "intelligent" ayant démarrées quelques années plus tard entre 1952 et 1969, avec notamment le premier logiciel informatique créé par Arthur Samuel qui savait jouer aux échecs.

Dû à des limitations techniques essentiellement dont une puissance de calcul limitante ; une pause naturelle a ralenti la progression de ces recherches.

Plusieurs chercheurs dont Herbert Simon qui avait partagé par écrit en 1957 son optimisme en déclarant qu'un système pourra gagner à un jeu d'échecs d'ici une décennie s'est révélé prendre environ une trentaine d'années. Les retards répétés pour livrer ces systèmes intelligents ont fait perdre confiance à certains investisseurs. Deux éléments fondamentaux pour l'IA manquaient alors cruellement : une quantité de données suffisante pour en faire une base de connaissances pour l'IA et une puissance de calcul qui puisse suivre la rapidité nécessaire pour lire, traiter, structurer une quantité grandissante de données et exécuter les algorithmes sur cette volumétrie de données.

Quels que soient les angles par lesquels nous abordons les questions de l'IA, elles appellent aussitôt à des dimensions éthique, de régulation, de RSE liées aux aspects de la portée de son développement et à ses potentiels cas d'usages. Pour un peu mieux comprendre cette complexité, commençons par voir comment se décompose l'IA puis ses avantages-inconvénients.

À ce jour, nous pouvons considérer trois grandes typologies d'IA :
- **IA faible** ou **étroite** : recherche à avoir une partie des capacités de l'Homme. Donc un système partiel comparé à l'humain.
- **IA générale** ou encore nommée **forte** ou **profonde** : recherche à répliquer le niveau des capacités de l'Homme. Donc un système complet comparé à l'humain.
- **Super IA** : ambitionne à obtenir un niveau supérieur des capacités de l'Homme. Donc un système supplantant l'humain.

Entendant certaines personnes s'exprimer sur ces notions et me paraissant parfois fausses ou incomplètes, j'aimerais venir enrichir le débat en vous partageant les résultats de mes recherches et mes réflexions.

C'est le philosophe John Searle qui a introduit en 1980 la double catégorisation des IA **forte** et **faible**.

Mon processus mental est le suivant.

Le désir ardent porté par des chercheurs et investisseurs que les systèmes arrivent à un niveau cognitif humain (IA forte) serait techniquement possible à force d'avènement successif de découvertes technologiques et de leurs croissances très rapides.

Il suffirait, non sans peine, de réussir à répliquer le chemin de pensée cognitif et avoir la capacité de résoudre de nouvelles tâches sans connaissances préalables ni compétences comme pourrait le faire un Homme.

Je fais confiance aux scientifiques, chercheurs et investisseurs pour atteindre le paroxysme de l'impossible. Cette délicate complexité de la partie informelle du comportement humain à être décrite par un ensemble de règles semble inatteignable. J'imagine qu'elle est potentiellement résoluble par de multiples façons mais je pense particulièrement à un homme qui avance vigoureusement vers cette optique à travers sa société NeuraLink. Citons évidemment Elon Musk. Avec ses puces implantées dans le cerveau accédant à des données cérébrales encore jamais étudiées, inconnues jusqu'alors, il pourrait alors

décoder des secrets... Imaginez un instant. Les pensées, les souvenirs, le raisonnement, les capacités mentales,... accessibles par une poignée d'êtres humains.

Mystique pour certains, scientifique pour d'autres.

Cette résolution pouvant alors répondre au philosophe Kenneth Sayre qui avançait que les algorithmes computationnels à eux seuls ne pourraient pas répondre à ces ambitions. C'est pourquoi j'émets l'hypothèse que les recherches d'Elon Musk plus poussées et semblant de l'extérieur n'éprouver aucune limite pourraient dénouer ces blocages. L'ouverture de la boite de Pandore. Sans réduire les difficultés de ces thématiques passionnantes, celles-ci regroupent pour moi des défis plutôt techniques, technologiques et scientifiques.

C'est plutôt l'autre volet qui me passionne. Attise ma curiosité et occupe mes pensées. Vous savez la partie qui englobe les réflexions plus sociologique, philosophique, psychologique, éthique. Le volet plus profond à mille et une facettes. Qui malgré l'atteinte technique et scientifique, c'est bien ce second volet qui pourrait bloquer son déploiement. Sa concrétisation.

Je vous explique pourquoi selon moi. Atteindre le niveau technique envisagé ne répondra pas à la question existentielle suivante : serons-nous **d'accord** pour déployer ces systèmes et les rendre opérationnels auprès du grand public ? La réflexion notamment de la **tolérance** et de **l'acceptation** surgit.

Je paraphrase l'un de mes anciens et meilleurs professeurs informatique du DUT Informatique à l'université Paris Descartes : "ça semble évident mais ça va mieux en le disant". Cette tolérance si chère que certains souhaiteraient voir s'appauvrir de nos jours et qui exige une finesse, une ouverture d'esprit couplée à une solidarité avec autrui et à une maitrise de son égo ; j'en fais un parallèle avec notre système politique actuel.

Déjà qu'aujourd'hui, des partis se disputent sur des sujets d'acceptation de communautés d'individus étrangers en façonnant et en infusant intentionnellement un syndrome de rejet ; alors qu'en sera t-il avec des systèmes intelligents vraiment étrangers à notre humanité et à nos valeurs qui pourraient nous gouverner ?

Nous avons beau être tolérants, nous savons pertinemment qu'il y a des limites que nous ne franchirons pas. Pour moi, celle-ci en est une. On y reviendra dans les prochains chapitres.

Alors que dire de l'avénement de robots dopés de systèmes intelligents ? Y aura t-il une segmentation des robots par parti politique ? Une création d'un ministère du travail dédié aux robots intelligents ? Quelle sera l'éthique de ces robots ? Quel sera leur rôle ? Leur limite ? Qui portera la responsabilité en cas de défaillance, outrage, agression,... ? Comment garantir la vie privée des citoyens et habitants alors que les robots peuvent être piratés ? Ou tout simplement activés par des services à distance. Même si éteints par les utilisateurs,...

De nos jours, ces questions se posent déjà pour les appareils entre nos mains. Nos téléphones, nos ordinateurs, nos voitures, nos dispositifs domotiques,... qui embarquent des micros, des caméras et des systèmes dotés d'algorithmes intelligents.

Avec une attitude pragmatique, nous anticipons les conséquences de nos actes. Et se laisser emporter par certains usages semblant anodins, progressivement, l'un après l'autre, amènera à un contexte toxique.

Mais c'est tellement tentant !

Surtout, lorsque ces outils nous simplifient la vie.

Poussons encore les réflexions pour les cas d'usages que l'on pourrait bien voir se créer ces prochains mois. Dans le monde de l'emploi avec des robots intelligents, je présage des contrats de travail où les heures de services pourraient être spécifiées, des heures de maintenance, de recharge de la machine pour des robots mobiles,... Pour le secteur de la santé, j'imagine des robots partagés par les services tel les infirmiers qui peuvent travailler dans différents hôpitaux ou maisons de retraite. Donc je prévois le développement de logiciels de planification pour ces machines... Qui portera la responsabilité en cas de panne ? Sommes-nous prêts politiquement à tolérer cette différence ? À les accueillir en tant que citoyen cybernétique ? D'ici là, aurons-nous finalement assimilé que la solidarité envers l'humain et l'environnement est la seule voie vers la paix ?

Quand d'autres états s'ouvrent de plus en plus à la pluralité, ayant saisit que des melting-pots créent plus de richesse économique, politique, civique ; nous recherchons à diviser pour mieux régner ? Quelle serait la finalité d'une telle présidence ? Revenir à la période des esprits moyenâgeux ? Quel est le pouvoir secret de ces pays qui se développent et attirent ? Ils semblent élaborer des stratégies fortes et agiles misant sur une amélioration continue de leur système éducationnel, économique et entrepreneurial. Et avec une vitesse de déploiement intrigante. Vertigineuse. La sélection semble alors naturelle. Ou devrais-je dire un groupe d'excellence poussant la majorité vers le haut.

Avec un esprit analytique, j'aime défier les paramètres de mes perceptions. Je m'amuse donc à rechercher la compréhension des arguments des partis politiques. J'étends leurs théories en les matérialisant cérébralement.

Pour certaines applications, j'imagine alors la France atrophiée de sa richesse et de la fuite d'un potentiel inespéré.

Pour d'autres, les plus prometteuses, le terrain est fertile mais il manque des actions de la part de certains ministères. La sagesse d'actions effectives, rapides et équilibrées. En quelque sorte le juste-à-temps.

Ces casses-têtes trop complexes pour en déduire une réponse unique ajoutés à l'avénement de cette nouvelle intelligence ; en se propageant silencieusement dans nos vies, l'IA augmente le niveau du jeu. Et c'est là qu'intervient la chute de ma pensée. Le collectif.

Un collectif multifactoriel comblé d'une solidarité : pluridisciplinaire, intergénérationnelle, intersociale, interculturelle,...

Face à des organisations poussant à des systèmes de plus en plus intelligents, avec un risque qu'ils deviennent ingérables ; de ma fenêtre, je n'y vois qu'une solution : la force de nos convictions, nos ambitions positives pour les générations futures, l'utilisation judicieuse des ressources restantes, ...

C'est pourquoi je suis pour les régulations Françaises et Européennes dans un premier temps. Celle-ci centrées sur la protection de nos valeurs plus humanistes que d'autres états. Nous serions alors prêts à discuter d'une synergie planétaire pour réguler mondialement ces nouvelles technologies. L'avenir de nos populations en dépends.

Ce cadre fondamental faisant office de structuration des applications à développer. Dans le cas contraire, nous risquerions d'entrer dans une anarchie. L'imaginaire poussé dans ses retranchements, les systèmes IA pourraient alors devenir la nouvelle arme à destruction massive.

En tant qu'innovatrice, je peux comprendre la position de certains acteurs dans l'innovation se sentant *bridés* dans leur élan de créativité. La régulation amenant une protection à l'être humain et l'utilisation de nos ressources planétaires. Elle a le rôle de gardes fous.

Je rejoins donc ces régulateurs pour une simple raison; le plus capital de toute progression est la conservation de notre patrimoine universel : l'humanité.

L'intelligence artificielle représente et amène beaucoup de nouveautés. Et comme pour tout changement, il faut savoir faire la part des choses.

Sachant que nous sommes 8,16 milliards de personnes en 2024 à travers le globe selon Statista et que les enjeux étant variés et nombreux, les leaders mondiaux "Tech" et "State" mènent une bataille acharnée pour développer les technologies qui façonneront notre futur. Avec un objectif de fond : quel pays, continent sera le plus rapide dans cette course ? Qui dominera le marché mondial ?

Dans ce champ de bataille, je me demande, quels sont les potentiels bénéfices et risques ?

Chapitre 2

Notre utopie

Se laisser emporter par un moment optimiste, candide, avec un tourbillon d'idées semblant de prime abord impossibles, inimaginables pour s'autoriser à imaginer notre futur autrement. Renoncer à ses limites et à ses modes de pensées pour avoir une chance d'accéder à un niveau supérieur, où tout est possible, celui de l'imaginaire infini. Une nouvelle vie, un avenir radieux se profilant à l'horizon. Plus simples, allégées, libérées de tous maux, nos vies se dessinant avec une excellente santé, une équité, une bienveillance, unies, comblées de bonheur au sein d'un état économiquement prospère et exemplaire.

Dans ce chapitre, aucune limite, aucune réfutation. J'aimerais vous transmettre un aperçu succinct de comment j'envisage les apports des technologies de rupture.

L'IA amène à beaucoup une lueur d'espoir, une lumière au bout du tunnel. En effet, les capacités des systèmes IA viennent créer une **aura magique**. Ces systèmes intelligents apportant des solutions concrètes pour des personnes handicapées. Vivant un rêve éveillé, elles pourraient à nouveau marcher grâce à une greffe de membres intelligents connectés au cerveau, des maladies pourraient être diagnostiquées beaucoup plus tôt et avec une meilleure efficacité. La machine ne connaissant pas la fatigue, contrairement à un docteur a qui un détail pourrait échapper par manque de concentration, fatigue ou de connaissance ; un monde plus clairvoyant s'annonce.

En effet, les systèmes IA ayant accès aux connaissances des centres de recherches, des universités les plus prestigieuses du monde et aux retours d'expériences des plus éminents professeurs et docteurs du monde, ces systèmes croisant ces connaissances inestimables, sans limite, les diagnostics médicaux auraient une qualité autre, sans précédent.

Nous pouvons même imaginer que pour certaines personnes, des nouvelles pathologies pourraient être détectées alors qu'elles sont aujourd'hui inconnues de la sphère scientifique. Et par la même occasion proposer leurs remèdes.

Nous sommes face à un nouveau paradigme impactant tout notre écosystème, toute génération confondue. Cette IA qu'on personnifie à foison pouvant aller là où nous êtres humains sommes limités.

Enrichissement de notre potentiel

Telle une extension de nous-même, cette intelligence nous ouvre les portes d'une connaissance sans limite et sans délai. Notre esprit la guidant pour découvrir de nouvelles contrées de l'esprit, de l'Homme, ... cette IA en symbiose avec des dispositifs venant enrichir notre expérience, nous avons alors à notre portée n'importe quel point de l'univers depuis n'importe quel point de notre planète Terre.

Telle une synergie entre la télépathie, la télékinésie et la téléportation, un amalgame de technologies agissant en tant que socle pour cette IA. Activant alors un autre potentiel de ces systèmes intelligents.

Comme les casques à réalité augmentée (RA ou AR *Augmented Reality* en anglais) ou encore réalité virtuelle (RV ou VR *Virtual Reality* en anglais) qui de nos canapés nous emmènent... où nos pensées s'élancent.

Plus besoin de mémoriser, d'apprendre, de raisonner, d'étendre nos capacités intellectuelles. Les machines, ces systèmes intelligents seront là pour le faire à notre place. Le film " Atlas " avec Jennifer Lopez comme actrice éponyme sorti sur la plateforme

Netflix le 24 mai 2024, illustre bien ce que j'imagine comme symbiose entre la richesse de l'Homme et celle de la machine.

Notre imaginaire qui était jadis notre seule limite, se transforme pour faire place juste à un seul et unique paramètre : **notre volonté** à nous laisser embarquer et emporter par les capacités de ces nouvelles technologies.

Facilitation de nos tâches

La facilitation est possible à toute échelle et pour tout métier. Il suffit de trouver l'étape d'un processus métier qui pourrait être automatisé par une machine. Potentiellement mieux exécuté que l'Homme. Plus vite, en continu, à moindre coût.

Amélioration des recherches scientifiques

La MedTech est particulièrement attendue sur ce volet. Les capacités de la médecine et des sciences couplées aux technologies. La France se distingue sur ce secteur. Les innovations portées par des recherches académiques de très haut niveau avec des participants internationaux et des investissements croissants, le domaine s'agrandit pour accueillir les technologies d'IA, d'IoT, de nanotechnologies, du quantique et de la robotique. Par exemple, la société CorWave qui a développé une pompe cardiaque qui reproduit les pouls et la vitesse d'écoulement sanguin. Ou encore la Startup marseillaise Inclusive Brains qui a développé une innovation alimentée par IA générative et interface neuronale. Elle a offert un bonheur incroyable à Nathalie Lebrégère atteinte d'handicap de porter la flamme Olympique arrivée à Marseille pour les JO 2024. Ce projet qui mérite beaucoup de respect, nommé Prometheus, est une sorte d'interface permettant une communication entre un cerveau humain et une machine. Comme dirait l'un de ses fondateurs Olivier Oullier, la force d'avoir un système qui s'adapte enfin à la personne handicapée et non l'inverse.

On pourrait alors imaginer l'apport inestimable de cette révolution pour les vies de soldats blessés, les accidentés de la route, les malades,... Toute personne se trouvant dans une situation handicapante, un nouveau champ des possibles s'ouvre à nous grâce à l'amalgame de ces nouvelles technologies renforcées en leur coeur par l'intelligence artificielle.

La baisse des biais et de la discrimination

L'IA bien calibrée et avec les bonnes données sources peut être dénuée de biais cognitif discriminants, sexistes ou tout autre biais pouvant porter atteinte à tout problème d'équité, d'inclusion, de tolérance,... Encore faut-il se mettre d'accord sur la catégorisation de ces biais. "Le" référentiel à prendre en considération.

Les cas d'usages que j'envisage le plus sont au niveau :

- Des directions de ressources humaines pour des recrutements plus rapides moins discriminatoires,

des promotions internes plus justement octroyées, une affectation équitable des primes, une réponse à une demande de prise de congé plus rapide,...
- Une justice avec une synergie avec les jurés et les juges ; détectant les émotions des accusés et des défendeurs, leurs avocats, les jurés,... **Accompagnant** le juge et les jurés dans leur prise de décision.
- La sécurité, dans les magasins, les transports en commun, les lieux public,... où les caméras pourraient détecter les comportements dangereux, douteux.
- Dans la détection de faille de façon générale, notre vision étant biaisée selon notre angle de vue, les systèmes intelligents seraient plus précis en prenant plusieurs angles de vues et diverses paramètres pour confirmer ou infirmer si c'est une anomalie qui a été remontée.

Les potentiels cas d'usages sont tellement nombreux, qu'un livre pourrait leur être consacrés.

La puissance à l'état pur

Les systèmes sont conçus pour durer dans le temps et si une panne devait se produire, les meilleurs architectes ont anticipé à virtualiser et répliquer, telle une toile d'araignée, les systèmes pour que si un maillon flanche, plusieurs soient déjà dans les starkings blocks pour reprendre les tâches en cours ou programmées. Les systèmes IA, beaucoup plus puissants et intelligents, quasi-instoppables.

Voici quelques cas d'usages qui pourraient optimiser la vie de beaucoup de personnes :

- Combler les déserts médicaux par des machines avec un accès à distance grâce à des cabines aux docteurs délocalisés ou des robots médecins

- Améliorer la protection des éboueurs. Certains sont amenés à être en contact et à manipuler des produits dangereux parfois radioactifs avec par exemple les poubelles des hôpitaux ou des maisons de retraites. Le ramassage pourrait être repensé en les équipants de matériels intelligents détectant les produits dangereux et les encourageant à utiliser des protections ou des conteneurs revus

- Automatiser les diagnostics médicaux

- Conduire des véhicules autonomes améliorés

- Optimiser la logistique des transports de marchandise en prenant en compte plusieurs paramètres environnementaux, humain et de situation

- Diminuer les erreurs de tâches simples comme l'encaissement dans un magasin de distribution alimentaire. L'humain pouvant être fatigué ou déstabilisé par une personne malhonnête lors du rendu de monnaie

Les profondeurs

Avec seulement 5% des grands fonds marins étant explorés, des aventures de Jules Vernes explorant les abysses mystérieuses avec des espèces inconnues, un monde inconnu est maintenant à notre portée. La technologie amenant une chance inespérée de découvrir cet écosystème extraordinaire alors inaccessible par la surface de l'eau bloquant la portée des ondes provenant des satellites, en plus des facteurs de pression et d'obscurité limitant leurs explorations. Cette profondeur mystérieuse manquant terriblement de lumière que les espèces animales utilisent souvent la bioluminescence pour communiquer. L'IA pourrait alors inventer une technique, un procédé pour faire éclore cette connaissance qui nous manque.

Percer à jour les mystères des profondeurs terrestres jusqu'au noyau de notre Terre ? Tant de sujets débordant encore de mystère et pour lesquels des pistes d'élucidation se profilent.

Les données

Dans un monde utopique, les données seraient sécurisées et échangées uniquement si nécessaire.

Sélectives. Stockées uniquement après avoir été chiffrées et cryptées. La cybercriminalité n'existerait pas :) les systèmes étant si intelligents qu'ils détecteraient leurs propres failles et les combleraient en temps réel.

Les data centers seraient indépendants tout en étant connectés. Une sorte d'interdépendance.

Recyclées en mode opératoire du "juste-à-temps".

Business Intelligence

Ayant exercé mon métier depuis plusieurs années au sein de clients grands comptes, je vous prendrai comme exemple mon domaine de prédilection : la *data*.

Plus exactement le **data management** qui englobe plusieurs domaines d'application comme la stratégie des données, la valorisation des données, la gouvernance des données, la gestion de la sécurité d'accès, l'informatique décisionnelle (en anglais *Business Intelligence* ou BI), la gestion des données alignées avec les réglementations comme la RGPD, la gestion de la qualité des données, les métadonnées, la documentation,...

De la stratégie, en passant par la gouvernance et l'architecture des plateformes des données jusqu'à leur restitution. De plus en fournissant différents types de services comme le conseil, la direction de projet ainsi que leur mise en oeuvre, nous finissons par **vivre la donnée** et bien cerner sa chaîne de valeur :)

Restant en veille constante, j'ai récemment constaté que mes futurs collaborateurs seront fortement impactés par ce qui se profile.

À l'heure où j'écris ces lignes, c'est-à-dire en mai 2024, plusieurs solutions existent pour remplacer des étapes citées précédemment. Comme des solutions de ***BI Generative*** qui se développent et permettent d'automatiser des tâches qui étaient jusqu'alors effectuées par des consultants en BI. Pour ceux qui ne sont pas familiers avec le domaine de la BI, en tant que consultant, nous intervenons auprès de sociétés, pour ma part des PME, ETI et grands comptes, pour accéder à leurs données, pour les transformer d'un amas disparate d'objets vers des boites hyperstructurées d'information accessibles uniquement aux personnes autorisées et qui leur sont utiles pour leurs activités quotidiennes. Ceci offre aux dirigeants et managers une visibilité précise sur leur activité et peuvent impulser des prises de décision plus justes. Plus stratégiques et tactiques mieux ciblées.

Après plus d'une décennie d'expériences au sein de grands groupes au Luxembourg, en Belgique puis en France, les travaux exposés simplement peuvent sembler faciles et évidents mais dans le détail, il est nécessaire d'avoir plusieurs capacités dont la plus importante est l'esprit analytique.

Et pour automatiser ces efforts très valorisants mais onéreux pour les sociétés, je pense particulièrement à l'étape de conception de la restitution des données en information à travers des rapports et tableaux de bord. Donc l'une des dernières étapes de la chaîne de la valeur de la BI. L'affichage d'information de sujets de fond avec une forme bien pensée pour prendre les décisions et actions pertinentes. Et ces nouveaux logiciels semblent offrir l'automatisation de cette étape.

La facilité de dialoguer avec les LLMs (ou prompter vocalement) pour leur demander les indicateurs souhaités.

J'ai vu une démonstration de solution début juin 2024, je vous assure c'est bluffant ! Face à une interface avec un tableau de bord encore vierge, par un simple dialogue vocal avec un LLM en lui demandant les indicateurs souhaités ; et nous voilà en quelques secondes face à un tableau de bord construit avec un design coloré là où il faut, comme je les aime. Il m'a fallu un moment pour observer et réaliser que ce rapport a bien été conçu en quelques secondes quand nous pouvons prendre plus d'une heure pour la faire concevoir par une personne. Le temps nécessaire pour trouver les tables, afficher les bonnes mesures, dimensions, avec les bonnes couleurs, le choix des bons graphiques selon les indicateurs,... Impressionnant ! Nous y sommes donc : la BI generative !

Hâte d'explorer et pousser la solution dans ses retranchements. Les possibilités avérées et la justesse de leurs résultats. Comment se fier aux résultats affichés ? Jusqu'alors c'était déjà un défi de faire accepter les chiffres à certaines équipes alors qu'il y avait plusieurs équipes à l'oeuvre. Qu'en sera t-il avec des machines ? Une raison simple : une excellence opérationnelle est cruciale dans plusieurs cas de figure. Lorsque par exemple des rapports réglementaires à destination des gouvernements doivent être transmis, si les chiffres sont incorrects, les risques sont énormes ! Des pénalités financières, des diminutions ou suppressions de subventions et par manque de sérieux la réputation des entreprises peut être entachée. Un niveau de rigueur d'excellence est exigé. Digne de la haute joaillerie, j'y vois donc des systèmes rigoureux dépassant un esprit analytique humain et sa capacité d'observation.

Data Management

Je vous ai cité ici qu'un maillon de la chaîne de la valeur du *data management* mais à vrai dire, des solutions déjà commercialisées permettent l'automatisation d'autres tâches comme celle du Data Protection Officer (DPO), personne chargée notamment de garantir la bonne utilisation des données selon les réglementations dont la RGPD ou encore le Data Quality Analyst (DQA), chargé de veiller à la qualité des données notamment procédant à une analyse de la cause originelle de l'anomalie détectée (*root cause analysis* en anglais).

Vous l'aurez compris, étape par étape, les maillons de la chaîne de valeur de la donnée sont saisis pour être automatisés, récupérés par les systèmes d'IA générative. Plus largement par les systèmes IA.

Il va être question d'agilité pour savoir rebondir, pivoter lorsque ça sera nécessaire. Les sociétés de conseil vont être fortement impactées par ces solutions. Les entreprises clientes pourraient se laisser séduire par ces outils dernières générations visant des réductions de coûts, une meilleure productivité et un meilleur positionnement compétitif. À tort dans certains contextes.

Nombre de projets se définissent sans bien cerner les besoins des équipes. La temporalité finit par s'allonger dû à des qualifications erronées, des conceptions pas ou mal pensées, une inadéquation des profils sur les projets, un manque de gouvernance à la hauteur des enjeux, des frustrations qui s'installent... Ces paramètres complexes et subtils à résoudre me confortent dans l'avenir de ma société. Les machines ne pouvant pas encore cerner les délicatesses. Lorsqu'elles le pourront, il faudra pivoter.

Monde idéal

Au delà de l'automatisation de tâches et de chatbots, le monde utopique extrême avec l'IA serait d'avoir des robots faisant tout à notre place. Vivant en symbiose avec ces systèmes. Naviguant avec des collaborateurs, voisins, amis... robotisés. Nous laissant le champ libre de choisir plus librement nos activités quotidiennes, vaquer à nos loisirs et occupations de prédilection.

Nouvel apport

Les nouvelles technologies apportent une transparence sans précédent. Le mystère se lèverait sur tout domaine, toute question, toute réflexion.

L'Homme est à un tournant, celui de gouverner un monde plus intelligent, plus transparent, plus contrôlé, plus fort. L'une des réflexions est veut-on vraiment continuer à gouverner ou laisser la gouvernance aux robots intelligents ?

Le rythme industriel décuplé, les capacités humaines augmentées, les idéologies d'innovation les plus folles à portée de main, offrant à la France et à l'Europe une chance inespérée de se positionner en leader de l'industrie comblant les faiblesses par des systèmes intelligents.

Au niveau collectif, se positionner alors parmi les leaders mondiaux. Au niveau individuel, découvrir une liberté encore jamais connue.

Chapitre 3

Notre dystopie

Tel un opium, notre esprit est malmené par une tornade d'information, le vrai du faux mêlés, nos convictions économiques, politiques, spirituelles malmenées, nos émotions violentées, devenant une cible fragilisée, nous finissons par voir trouble. Eux comme guide. La crainte ultime : la déchéance de l'humanité par les systèmes intelligents.

A travers ces quelques lignes, je pousse mon imaginaire et par la même occasion le vôtre pour vous livrer un aperçu de comment j'envisage notre monde si nous persistons à en être pauvrement qu'un spectateur. Laissant le terrain libre aux acteurs de façonner nos vies, nos modes de pensées, l'avenir de nos enfants, nos chers... comme ils le désirent en nous manipulant en toute impunité et discrétion.

Tous ce que nous avons pu acquérir comme bénéfices dans un monde utopique peut, poussés à l'extrême, se transformer en cauchemar. Tel une symétrie entre le bien et le mal.

Prenons du recul et contemplons notre contexte actuel.

J'y vois trois **grandes** segmentations de personnes :
- Les **digital-addict** : se sont les personnes connectées plusieurs heures par jour et deviennent agressifs lorsqu'il y a une tentative d'éloignement de leur appareils. Donc dépendants extrêmes.

- Les **no-digital** : s'éloignent au maximum des appareils digitaux, défiant alors le système numérique et les nouvelles technologies.

- Les **digital-équilibrés** : se sont ceux qui se laissent tenter par les nouvelles technologies, de nature souvent curieuse, ces personnes ont une conscience de leurs usages et arrivent encore à les maitriser.

Le risque est majoritairement dans les extrêmes. Les "no" à vouloir trop se protéger ou par manque d'intérêt, se créent un fossé avec le reste du monde. Au fur et à mesure que les technologies avancent, le fossé s'agrandit...
Les "addicts", les plus vulnérables face à ces nouveaux usages, car ils sont accessibles numériquement et se rendent dépendants.

Liberté humaine

La liberté fardée par des usages de plus en plus nombreux et le potentiel de ces systèmes, finalement à prendre du recul, se transforme en dépendances multiples. Les syndromes ci-après sont créés par une utilisation excessive limite addictive des technologies. Ces nouveaux maux du 21ème siècle peuvent affecter toute personne mais ce que j'ai constaté c'est que les personnes sensées et dotées d'un esprit critique, se rendent compte de leur tangente et réajustent leurs usages toutes seules. Non sans difficulté. La capacité de discernement qui permet d'esquiver ces cercles vicieux dès lors qu'ils en prennent conscience.

Lors de ma participation en tant qu'intervenante à un webinar du 5 juin 2024 dynamisé par des avis très polarisés sur la thématique de l'IA, j'avais partagé que même si des applications existaient pour traduire d'une langue à une autre en un seul clic nos dires et donc nous faciliter les traductions lors d'échanges business ou lors de vacances ; je poursuivrai tout de même l'apprentissage des langues. J'avais alors avancé que l'usage intempestif des systèmes IA créait une dépendance. La facilité désirée et recherchée. Or l'histoire nous l'a prouvé, la paresse de l'esprit est un des plus grands maux. D'autres intervenants n'étaient pas du même avis.

Nos générations futures se laissant happer par cette nonchalance intellectuelle. Comment éviter de nous laisser échouer, étape après étape, dans les abysses de la médiocrité ? Devenant des esclaves de ces machines intelligentes. Comment mettre le holà à cet élan international de l'innovation de solutions toxiques ?

Ne peut-on plus innover pour nous enrichir intellectuellement ? Où sont les Newton, Einstein, Pierre et Marie Curie,... ?

Je crois fermement que nous avons les cerveaux, des personnalités avec des caractères bien trempés pour faire front ainsi que les bonnes volontés pour inverser ce courant qui pourrait mener à notre perte. Où voulons-nous aller ? Comment souhaitons-nous que la France soit perçue internationalement ? L'étendard tricolore, Marianne, Napoléon et les rois de jadis,... Où est l'aristocratie, l'étiquette à la Française ? Elles me manquent terriblement.

Intelligence suprême

Comme je l'ai présenté dans notre utopie, dans le sous-chapitre l'enrichissement, pousser la pensée dans ses retranchements. La dépendance créée *in fine* par ces systèmes amènent un abrutissement de nos cerveaux. Dépendant alors des capacités des machines : de leur mémorisation, leur culture générale, de leur esprit critique, de leur choix, prise de décision,... intelligence. La nôtre alors étouffée.

Le meilleur dans cette histoire ? Ces infrastructures, ces services, ces dispositifs, ces intelligences,... ont un coût. Non seulement, nous entrerons dans un processus d'appauvrissement de nos capacités mais en plus, nous paierons pour cela. Autorisant de nos propres mains que ces plateformes déportent nos capacités pour enrichir un groupe de personnes.

Notre intelligence si chère sera remplacée par un abrutissement de l'humanité.

Liberté au vote

Les robots cybernétiques peuvent voter massivement et encourager un parti ou une attaque d'un pays étranger pour positionner un parti plus favorable. Penchant la balance. Quel sera alors la valeur de nos votes ? Est-ce que la Blockchain pourrait résoudre cette problématique ? Est-ce que les régulations européennes permettront l'utilisation de ces technologies avec les implications sur les données personnelles ?

Paix

Notre paix que nous éprouvons déjà de nos jours à trouver entre-nous, humain, nous risquons de l'échanger avec des armes à destruction massives.

Là où beaucoup craignent pour leur sécurité avec un niveau de délinquance augmentant en France et ailleurs en Europe, les systèmes intelligents risquent d'envenimer la situation.

Ces systèmes entre de mauvaises mains pourraient créer des tensions plus fortes. Plus dangereuses.

Notre anéantissement

La plus grande crainte lorsqu'on parle d'IA est la destruction de toute espèce vivante sur Terre par des robots intelligents. Ou encore, inverser les positions de force en devenant assouvis aux machines. Nous transformant alors en zombie vivant.

Concrètement, où en sommes-nous ici et ailleurs ?

Chapitre 4

Où en est-on ?

Bousculés par des déclencheurs de changements amenant un nouveau mode de pensée, mode vie. Bénéfiques à bien des égards, parfois ces transformations peuvent être perçues comme déstabilisantes. Une tornade pour certains. N'ayant pas saisit le coche vers ce nouveau monde, ils se sentent perdus et n'osent pas se l'avouer. Prétextant pour certains s'y connaître, occultant leur méconnaissance.

Lors d'une soirée professionnelle qui a eu lieu en février 2024, un journaliste d'une grande radio Française avait demandé mon avis sur le sujet. L'une de ses questions se reformulerait comme ceci : "Le sujet brûlant de l'intelligence artificielle générative étant sur toutes les lèvres, certains face à la vitesse fulgurante des avancées technologiques et l'enchainement constant de nouvelles versions se disent qu'il faudrait mieux patienter avant de commencer à se former. Pensant que ce n'est pas productif de sans cesse se former sur une nouvelle version de ChatGPT, avec de nouveaux usages. Donc c'est plus simple d'attendre la dernière version pour commencer à se former. D'autres disent qu'il faut se former dès maintenant pour ne pas prendre du retard. Quel est ton avis sur le sujet ?"

Ma réponse était simple "Le train est en marche et il va vite. Très vite ! Il faut le prendre dès que possible ! Plus le voyage démarrera tardivement plus le "gap" sera difficile à rattraper."

C'est ma façon d'illustrer les abysses qui vont se créer entre ceux qui auront saisit l'importance de ce bouleversement et ceux qui auront été simplement spectateurs dans l'attente que les autres testent à leur place. Progressent à leur place. Cette distance créée sera délicate à colmater. Distance plus grande lorsque nous comparons à la granularité des régions en France. À travers le baromètre paru en mai 2024, nous constatons sans surprise, que plus les villes sont rurales plus leur contact avec ces nouvelles technologies et nouveaux usages est faible. Parfois inconnue. Vous pourriez tenter l'expérience puis analyser vos résultats. Allez dans un village reculé en France et demandez aux habitants ce qu'ils pensent de l'IA. Même aux plus jeunes. On a donc des efforts à fournir pour irriguer nos compatriotes et nos résidents avec ces nouveaux usages, ces nouvelles connaissances.

Pour garder les pieds sur Terre avec cette masse mouvante de progrès, un juste milieu est à rechercher. Je rejoins les paroles si sage du présentateur et écrivain Bernai Pivot qui a déclaré "Lire, c'est se frotter à des personnages qu'on ne connait pas, à des idées qu'on ne connait pas, à des philosophies qui nous sont inconnues, à des civilisations qui sont historiques, à des mentalités qui nous sont étrangères. À des idées du monde." Mais qu'adviendra de ces richesses avec l'IA ?

À chaque grande **révolution technologique**, nous avons plusieurs sons de cloches. Des experts de renom comme le Français Yann Le Cun et responsable de programme IA chez Meta aux Etats-Unis apportent leur pierre à l'édifice à l'échelle mondiale et partage ouvertement leur vision. Qui dit sujet complexe, dit une vision pouvant différer selon les experts.

Quand d'autres n'y connaissent pas grand chose au niveau technique ou scientifique mais enrichissent le débat par leurs perspectives vivifiantes et prise de recul philosophique, sociologique,... Si chères à nos réflexions pour élargir nos angles de vues.

Quand d'autres personnes avancent des opinions sur cette discipline sans cerner les tenants et les aboutissants, sans saisir les enjeux profonds mais plutôt opportunistes en surfant sur la tendance. Arrivant même pour certains à compliquer et assombrir le débat. Allant jusqu'à crisper le peuple. Fermant alors la curiosité intellectuelle de certains si essentielle dans ces moments stratégiques. À contexte géopolitique.

Et tant qu'à faire à enrichir le débat, j'ai à coeur d'apporter un nouvel angle de vue :)

Cette discipline étant évolutive et mon esprit restant ouvert au changement, on pourra rediscuter d'ici quelques mois ou années ; revoir quelques unes des particularités de ma vision selon les futures avancées.

Aujourd'hui une sous-brique de cette discipline nommée intelligence artificielle "générative" se base sur des données du monde entier et sur des algorithmes pour générer du contenu semblant être généré par un être humain.

Cette donnée si riche, littéralement, que le président actuel de Google Eric Schmidt a prédit lors d'une interview avec le Neoma Magazine que les *data centers* à destination des systèmes IA les plus performants seront hébergés dans des bases militaires et entourés par des machines armées aux Etats-Unis et en Chine. Comprenez par systèmes ultra-performants les systèmes qui auront la capacité inventive d'être autonomes et donc si tombés entre de mauvaises mains pourraient se révéler catastrophique. Vous pourriez alors imaginer la réalisation des films fantastique et de science-fiction les plus fous, qui paraissaient si loin il y a encore quelques mois. (Information du 9 juin 2024)

Un **phénomène profond** est alors en mouvement.

On ne réalise pas encore sa portée mais lorsque nous prenons le recul nécessaire, nous pouvons remarquer qu'un mouvement s'opère. Qui se structure et émerge par phase. Par à-coups. Annonces éparpillées et irrégulières dans le monde. Venant de part et d'autre. Des montants astronomiques investis et qui semblent être impulsés, motivés majoritairement par le transhumanisme. Ce courant de pensée qui ambitionne l'amélioration des capacités humaines (majoritairement intellectuelles, physiques et psychiques) grâce à l'usage de dispositifs scientifiques, technologiques et techniques.

Revenons un peu sur le transhumanisme. Le Larousse le définit ainsi : conviction idéologique plus que position solidement argumentée, le transhumanisme est contesté aussi bien d'un point de vue scientifique que d'un point de vue éthique.

Ce courant très spéculatif allant de l'implantation de puces dans le cerveau jusqu'à la transplantation d'une personne ayant rendue l'âme vers une nouvelle enveloppe corporelle humaine ou machine. Un autre objectif de ce mouvement est le changement de la condition humaine en améliorant la vie de certains humains handicapés en leur permettant par exemple de changer de corps ou de passer sur une machine. D'où pourquoi ce courant est souvent synonyme d'idées "spéculatives" ou "dangereuses". Pourquoi je vous présente ce courant ? Parce qu'il gagne du terrain d'année en année. Les technologies de rupture permettant d'avancer sur des techniques fondamentales pour le transhumanisme comme les nanotechnologies ou encore le sujet au coeur de ce livre : l'intelligence artificielle.

Tremplins. Nouveaux fonds d'investissement Européen pour l'IA annoncé par Macron en mai 2024 : 400 millions d'euros pour amorcer la pompe. 10 millions d'euros pour l'acculturation des citoyens Français. Pour prendre conscience de quoi on parle, faire face au torrent qui est à nos portes.

À mon humble avis, torrent se présentant à tout niveau de nos vies. De la maternelle jusqu'aux retraités, tous doivent être sensibilisés à l'intelligence artificielle. Des débats intergénérationnels doivent émerger. Pour construire, structurer au fil de l'eau. Être donc prêts pour ce qui approche.

"Tous les Français ne sont pas conscients de ce qui est en train de se passer. Certains emplois vont muter. Et les gains pour les emplois vont être bien supérieurs (en bénéfices). Plus inclusif demain avec l'IA. Par exemple en les incluant beaucoup plus pour être plus proche aussi pour les agents pour avoir plus de temps pour des plus fortes valeurs ajoutés. Cafés IA et démocratiques avec CNum (Conseil Numérique national). Formation pour les plus jeunes. Comment on les conçoit et comment ça fonctionne et les biais pour mieux comprendre comment les éviter." Marina Ferrari, secrétaire d'État chargée du Numérique, interrogée par BFM Business lors du Vivatech le 22 mai 2024.

Innovation

Transformation numérique à opérer. Prendre le train de l'intelligence artificielle. On ressent bien l'ambition portée par notre président actuel Emmanuel Macron pour aller rechercher notre position parmi les top pays leaders : Etats-Unis, la Chine, la Corée. Étant intéressée par cette ambition, plusieurs questions me titillent. Comment concrétiser cette ambition ? Quelles actions pour l'accélérer ? De surcroit : vite !

Laissons à l'écart nos freins pour nous focaliser uniquement et de façon pragmatique sur nos forces.

Nous avons les cerveaux, la matière cérébrale, têtes pensantes pour innover et faire. Pour ne citer que Yann Le Cun qui s'est exporté aux Etats-Unis pour travailler chez Meta mais en gardant un pied en France en contribuant à plusieurs programmes dont le Think Tank initié par Xavier Niel : Kyutai. Avec comme vocation d'explorer et lancer des solutions souveraines Françaises, Européennes.

Nous avons les moteurs de calculs, les infrastructures pour recevoir les données, renforcés par les futurs *data centers* américains qui viendront prochainement s'installer en France suite aux accords lors du sommet Choose France 2024.

Une *startup nation* comme la France avec la multitude des incubateurs encourageant et accompagnant l'innovation comme la French Tech, la French Fab, Station F de Xavier Niel, Paris Saclay, les sociétés du CAC 40 qui accueillent en leur sein des incubateurs comme les sociétés LVMH, Kering, L'Oréal, Orange, Michelin,... Incubateurs propulsés par les financements et subventions de BPI France, entre autres.

En mai 2024, la France comptait 25 licornes, ces entreprises extraordinaires valorisées à plus d'un milliard de dollars. Françaises et mondialisées. Leur point commun ? Leurs services disponibles sur une plateforme numérique, elles sont toutes digitalisées. Certaines déjà dopées à l'IA, les autres ce n'est qu'une question de temps.

Régulation

Quand beaucoup se plaignent que la France régule quand les Etats-Unis innove. Je tiens à féliciter la France ainsi que l'Europe de poser un cadre. De *tenter* de nous protéger. Sans naïveté, nous savons bien que l'utilisation d'application et plateforme des BigTech, nous ne sommes pas totalement protégés. En revanche, détenir ces réglementations, lois votées et donc actives, permettent d'avoir un socle pour se défendre en cas d'abus. De plus, les usages de nos données personnelles semblent différer selon notre position géographique. Que nous soyons en France ou aux Etats-Unis change la donne sur la profondeur des données personnelles collectées. Ce qui en fait un avantage parmi d'autres.

Le 5 juin 2024 marquait le début des célébrations du 80ème anniversaire du Débarquement. Plusieurs cérémonies nationales et internationales ont été organisées ventilées du 5 au 7 juin 2024. Ce jour là, je devais me rendre à une journée "Regards francophones sur les évolutions du numérique public". Ayant raté l'information que le président des États-Unis Joe Biden serait reçu par notre président de la République et donc devait emprunter le périphérique et les rues Parisiennes ; je me suis retrouvée bloquée dans la circulation. Vue de l'intérieur, Paris s'était transformée en cauchemar. Plusieurs rues fermées, parfois de grands axes comme le périphérique sur un large tronçon du côté du 17ème arrondissement de Paris comme à la porte d'Asnières, pour que les cortèges officiels puissent librement passer. Des policiers opéraient la circulation au niveau de quelques intersections et à d'autres sans policier de circulation, certains feux étaient positionnés en position orange.

Une certaine anarchie s'en est dégagée. Certains automobilistes courtois, faisaient place pour laisser passer et même parfois faciliter le passage. Quand d'autres, sans foi ni loi, procédaient à des queues de poisson, à limite érafler les autres véhicules, à de l'impolitesse verbale,...

Moi, au milieu de cette danse bruyante mêlant l'élégant et le brutal, m'a fait penser aux régulations sur l'IA. Le code de la route est la fondation de notre conduite. Pose le cadre par des règles bien établies. Différant parfois selon les pays.

L'IA sans régulation est comme un traffic d'automobiliste sans guide. Sans structure. Le code de la route nous offre un cadre sur quelle voie rouler, quelles sont les priorités, les dangers signalés,... Malgré ce code, des automobilistes s'autorisent à outrepasser ces règles et à bousculer les autres pour faire leur chemin peu importe celui des autres. À contrario, les courtois, polis doués de sagesse, d'éducation, d'étiquette se reconnaissent rapidement au volant. Même en pleine anarchie, ils sont là pour montrer que le mal et le bien existent et qu'ils vivent ensemble.

Je vous assure le traffic ce jour là, surtout si vous y étiez, en vue hélicoptère, j'en fait l'analogie d'une Europe, d'un monde sans régulation pour l'IA.

Une véritable A-NAR-CHIE.

Des experts Français se prononcent sur le sujet de la souveraineté. Certains avancent que la France est un terrain avantageux pour les sociétés étrangères surtout américaines car nos têtes coûtent moins chères qu'aux Etats-Unis et comme nous sommes le terreau des chercheurs reconnus internationalement avant qu'ils ne s'exportent souvent... aux États-Unis. Quand d'autres se plaignent d'avoir des régulations.

Il faut savoir que les Etats-Unis initient des régulations pour les sujets d'IA depuis 2016. La différence avec nous est que celles-ci n'arrivent pas au stage de "vote". J'ai parcouru quelques actes sur le site du congrès américain. Le statut est souvent au niveau "Introduit". Quand on sait que le processus est {Introduit -> Passé le Sénat -> Passé la Maison -> Au Président -> Devient une loi}. Les régulations sur l'IA existent mais semblent persister au stade d'introduction.

Le dilemme d'un équilibre à trouver entre la liberté de la technologie, d'innover et la liberté de l'Homme, de ses droits.

D'après le site du "Conseil européen, Conseil de l'Union européenne" :

"La législation de l'UE sur l'IA est le tout premier acte législatif sur l'intelligence artificielle, un cadre réglementaire qui vise à faire en sorte que les systèmes d'IA soient sûrs et respectent la législation ainsi que les valeurs et droits fondamentaux de l'UE." *(consilium.europa.eu/fr/policies/artificial-intelligence/)*

L'AI Act, premières lois au monde sur l'intelligence artificielle, vous trouverez à la page suivante la chronologie d'après la même source.

Les niveaux de risques IA vont du niveau "minimes ou nuls" jusqu'au niveau "inacceptables". Ce dernier est décrit de cette manière :

"Pour certaines utilisations de l'intelligence artificielle, les risques sont jugés inacceptables, de sorte que l'**utilisation** de ces systèmes sera **interdite dans l'UE**. Il s'agit notamment de la manipulation comportementale cognitive, de la police prédictive, de la reconnaissance des émotions sur le lieu de travail et dans les établissements d'enseignement, ainsi que de la notation sociale. Les systèmes d'identification biométrique à distance, tels que la reconnaissance faciale, seront également interdits, à quelques exceptions près."

Les régulations ne seront pas suffisantes. Nos actions et notre capacité de discernement sont essentielles. C'est pourquoi nous, citoyens, devrions connaitre et comprendre le contenu de ces régulations pour les porter. Et agir en tant que citoyen Français, Européen pour les faire respecter et contribuer à leur amélioration. **#CivicRegulation**

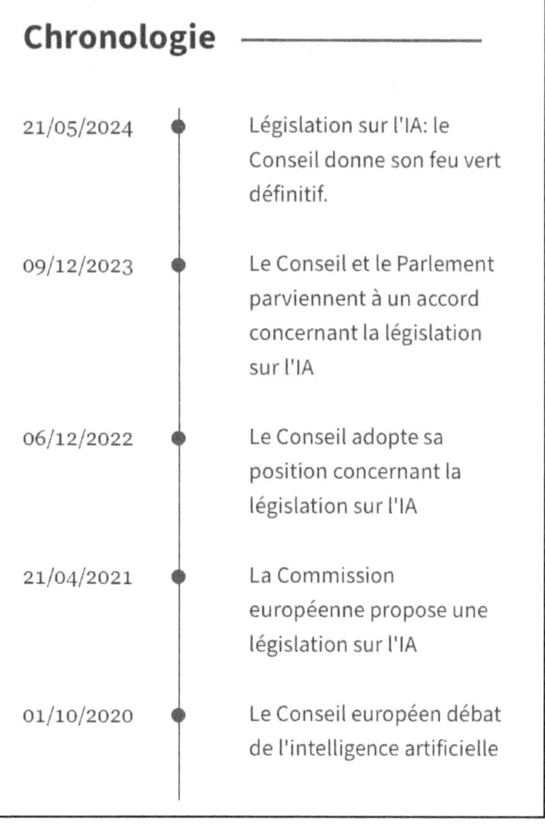

Écologie

Qu'en est-il de notre environnement ?

N'ayant plus de ressources suffisantes pour produire de l'électricité, des experts prédisent que nous reviendrons d'ici quelques années à l'âge de pierre :)

Mythe ou réalité ?

L'important à l'heure actuelle est la recherche d'un équilibre dans les usages de l'économie digitale pour faire perdurer nos ressources environnementales.

D'après une étude américaine, la consommation des *data centers* est estimée à environ 5 millions de bonbonnes d'eau par jour. Ils utilisent de l'eau pour garder à une température constante les pièces des serveurs. La moyenne de consommation d'eau retenue est de 1,8 litres pour chaque kWh. En sachant que pour générer une image avec l'IA générative, il est nécessaire d'utiliser environ 1,35 kWh, on peut en déduire que **2,43 litres d'eau** sont **consommées à chaque demande d'image** à une **IA générative**.

Par leur quantité, la localisation des *data centers* est majoritairement aux Etats-unis (2701), en Allemagne (487), puis en Angleterre (456) et en Chine (443), la France (avec 264 *data centers*) arrive en huitième place. Pour le moment. Car rappelons que des implémentations de nouveaux *data centers* américains en France ont été annoncés lors du sommet "Choose France 2024".
Les systèmes IA et ses infrastructures étant très consommateurs de ressources, il va falloir jauger les avantages et inconvénients de ces progressions technologiques. L'objectif principal, je suppose :) étant que les générations futures puissent profiter de la planète et non les machines.

Au delà des consommations, il faut savoir que les déchets sont importants. Les pièces électroniques à remplacer qui pour certains peuvent être toxiques (lithium, mercure,...) et donc difficilement détruits. Un article de l'**Université de l'état de L'Ohio** expose que chaque année **40 millions de tonnes de déchets électroniques** sont **produits** (nommé *electronic waste = e-waste*). Malgré que ces déchets représente que **2% des déchets mondiaux**, leur toxicité **constitue 70% des métaux lourds toxiques** présents dans les décharges. Toujours d'après leur article, il semblerait que ces déchets incorrectement entreposés et détruits nuisent à la santé des habitants de plusieurs pays. Se retrouvant alors à respirer un air toxique engendrant des problèmes respiratoires et même pour certaines populations à boire de l'eau contaminée par ces déchets.

Plusieurs associations en France et à l'étranger agissent pour diminuer la surconsommation de ces appareils, notamment par le changement de version de smartphone ou ordinateur portable dès la sortie d'une nouvelle version. Privilégiant des actions de recyclage des appareils et donc encourageant les populations à acheter des appareils d'occasion, reconditionnés ou auprès de leur réseau de connaissance.

Quantique

Avec un marché planétaire estimé à presque 950 millions de dollars en 2025, l'informatique quantique émet la promesse aux états qui se positionneront en leader dans cette course technologique un avantage économique et militaire incomparable. Comme la dominante de l'IA, se sont les Etats-Unis et la Chine qui dominent. Course au quantique. Enjeux Européen. Photon, atome froid, neutre.

Semi-conducteur

Le Graal de ce millénaire. Sans semi-conducteur, l'informatique moderne que nous connaissons avec toutes ses fonctionnalités dont l'intelligence artificielle ne serait pas possible. Ordinateurs, téléphones, voitures, systèmes de communication, panneaux solaires, éoliennes,... Plus rien.

Les étapes de leur fabrication débutent par la conception sur ordinateur d'un circuit intégré puis une plaquette de silicium est fabriquée ou préparée pour être décorée de gravures qui correspondent au circuit pour recevoir les pièces électroniques. Comme une feuille qui reçoit l'encre d'une imprimante. Ici se sont des plaques de silicium qui reçoivent une impression, une gravure.

Véritable enjeu géopolitique. Des sociétés de fabrication peuvent subir des pressions d'états en leur interdisant de vendre ces puces à certains pays ou sociétés. D'après un article de zonebourse.com, ça été le cas pour la société ASML en octobre 2023 qui a décidé de restreindre les exportations d'équipements plus anciens vers des usines chinoises non spécifiées. ASML a vu ses ventes diminuées, imposées par les Etats-Unis et les Pays-Bas. Les Etats-Unis menant une campagne pour ralentir les avancées technologiques et militaires de Pékin, ASML ne pouvait plus vendre une de ces lignes de produits. Cela a poussé les pays impactés par ces restrictions de lancer des programmes d'investissements massifs pour être en auto-suffisance.

Ces semi-conducteurs remis dans le contexte de l'IA, ils permettent d'optimiser les calculs des systèmes intelligents. En offrant une plus grande précision et rapidité d'exécution aux algorithmes d'apprentissage automatique et aux réseaux de neurones profonds.

Et les Français dans tous ça ?

Il est 7h45, premier samedi de juin 2024 et pour rédiger ces lignes, je me trouve au café "Aux ministères" situé dans le 7ème arrondissement Parisien. Le café est déjà remplit de travailleurs avec leur tenue de travail et chaussures de sécurité.

Avant le début de leur journée, ils partagent des vidéos, valident leur ticket de loterie, dégustent leur tartines beurrées,... Des personnes continuent d'affluer, des bises s'échangent, des mains se serrent, des dialogues avec une intonation forte, des rires éclatent,... tout en se plaignant des routes fermées par les circuits et les installations des JO 2024.

C'est alors qu'une odeur de poisson vient me chatouiller l'odorat. Parcourant l'établissement pour en trouver la source, j'aperçois alors un des travailleurs avec un gilet brodé dans son dos l'inscription "Poissonnerie Païas". Tout s'éclaire. Se sont des responsables et collaborateurs du marché. J'en déduis que la majorité saisissent cet instant ensemble avant de démarrer le marché du samedi se trouvant à peine à 5 mètres sur l'avenue de Breteuil. Et il s'y trouve aussi des peintres et installateurs de fenêtres, des dames d'une société de propreté...

Une ambiance fraternelle y règne en plein coeur de la brasserie colorée d'un rouge tamisé.

Encore une autre catégorie de commerçants, de métier qui devrait perdurer encore un petit moment. Un sondage pourrait être lancé pour jauger le nombre de personne de la population acceptant d'être reçu par une machine intelligente lors de cette sortie au marché, rituel pour certains, qui est très synonyme de rencontre, d'échange entre les habitants d'un quartier. Ambiance familiale. Retraités, enfants, chefs cuisinier,... s'y croisent.

Il est maintenant 8h05, la population commence à changer dans le café. Les classes sociales se croisent. Les travailleurs du marché débarrassent leur table aidant alors le personnel de la brasserie et de nouvelles personnes venant prendre leur petit déjeuner. Un père et son fils entrent, saluent les travailleurs, le père prend de leur nouvelle puis ils s'approchent de moi et s'installent. L'enfant sort un jeu d'échecs. Le papa avec son pull beige au col camionneur, tissu cachemire de bonne manufacture, assorti à un jean et chaussé de Richelieu noir, un peu usés. Son fils habillé en sport avec un pull à capuche vert. Un bonheur de découvrir un rituel père-fils, un moment de partage où une douceur sucrée est dégustée tout en enrichissant l'esprit et renforcer le lien paternel.

L'affluence se poursuit et les intonations diminuent, un couple entre avec le monsieur portant un blazer en velours bleu nuit avec une chemise de la même couleur, arborant des Richelieu en cuir croco bordeaux et cirées à la perfection... A peine ces lignes écrites et des personnes du même style vestimentaire s'enchainent... Jusqu'à ce qu'un groupe de jeunes s'attable auprès de moi pour peaufiner un sujet politique : rassembler le plus de monde. Il est à peine 8h28 et on ressent la motivation de ces jeunes qui semblent à peine avoir la vingtaine. Ils décident de publier sur TikTok. L'un rétorque "Il faut parler à la TikTok hein !". Un autre qui précise alors que le contenu devra être adapté stratégiquement. Les jeunes visent 100 millions de vues avant la fin de semaine.

À observer ces personnes dans la brasserie aujourd'hui et les précédentes, j'ai parfois du mal à me projeter avec une IA anthropomorphe qui envahirait notre monde.

En France du moins. Aux États-Unis et en Chine, c'est une autre dimension.

Paris étant la capitale de la France, c'est elle qui concentre les avancées technologiques et nous permet de jauger la population la plus enclin à sauter le pas vers les derniers progrès.

À voir, je suis donc parfois partagée. Notamment par le fait que l'IA puisse se laisser irriguer au sein de la population Française, européenne.

Revenons à ce café matinal près des Invalides à Paris. C'est alors qu'un groupe de personnes attablées parlent des valeurs au sein de l'aviron puis de disciplines sportives et leur impact positifs sur l'esprit. Puis on voyage vers d'autres contrées comme l'Amérique Latine.

C'est pourquoi j'aime tant ces quartiers et de beau matin. Observer, rencontrer et échanger avec des personnes oeuvrant chaque jour pour leur pays, des intellectuels, de toute classe sociale. Un collectif. Venant de part et d'autres. Les choses s'empilent et s'entremêlent. Un bal dynamique et solennel de relation sociale au sein de cette brasserie.

J'aime particulièrement Paris le week-end et avant 8h. Alors encore ensommeillée. Le plaisir de parcourir en voiture les rues encore vides à cette heure. La sensation que Paris a été désertée. Découvrir des rues, admirer ses architectures, les pavés encore aérés, libres. A certains angles, on aperçoit les marchés qui s'installent doucement.

J'ai eu l'occasion de rencontrer des élus et des chefs d'entreprise de PME, les besoins en IA paraissent encore loin. Le retour sur investissement étant encore trop flou. Laissant alors le temps à d'autres entrepreneurs d'en faire un retour avant d'investir pour leur propre entreprise.

En dehors de ceux évoluant dans l'écosystème de la Tech ou à proximité par les besoins de leur métier ou ceux qui veillent, il me semble bien que pour le reste des Français, les enjeux de l'IA ne soient pas perçus comme "critique" pour notre nation. Ni pour leur vie quotidienne.

Les effets de la dépendance

Les usages des technologies, surtout les applications de plus en plus addictives et où le temps semble s'arrêter pour certains obnubilés par leur écran, finissent par engendrer des conséquences lourdes. Certaines personnes peuvent perdre en attention, en concentration.

Pour vous permettre d'avoir une vue d'ensemble des risques d'une utilisation extrême, voici les maux les plus connus et pour lesquels il serait intéressant de sensibiliser et éduquer à un usage plus sobre de nos appareils :

- **FOMO** : "Fear Of Missing Out" est un état émotionnel anxiogène qui positionne des personnes à être constamment connecté de peur de rater une information ou un évènement. Et si cela venait à se produire, d'entrer dans une sensation d'avoir été "snobé".

- **Phantom Vibration** : perception que son téléphone portable vibre ou sonne. Alors que non. Ces symptômes peuvent être ressentis durant toute activité de la journée. Durant la pause déjeuner, sous une douche, pendant une activité sportive, au bureau, en conduisant,... Ce syndrome semble affecter les personnes qui ont souvent configuré leur appareil en sonnerie "vibreur" et l'ont porté.

- **Nomophobia** : la phobie du "No mobile". Une peur exacerbée d'être séparé de son téléphone mobile. **Mobidépendance** en français, cette anxiété se manifeste dès lors que l'appareil est inaccessible, ne pouvant plus vérifier les statuts des réseaux sociaux, les messages reçus, toute nouvelle ou notification pouvant être "ratée". Les personnes atteintes peuvent manquer de concentration si leur appareil n'est pas à portée de main. Sentimentalement, reliée à l'appareil.

- **Addiction to Tech** : une dépendance aux écrans et aux technologies. Un attachement extrême aux jeux vidéos, réseaux sociaux, achats en ligne, aux plateformes de streaming,...

- **Noise** : un choc acoustique qui s'accompagne de symptômes invalidants comme des acouphènes, sensations d'oreille bouchée, vertiges, hyperacousie,... Trop atteinte par ce syndrome, la personne peut aller jusqu'un isolement social.

- **Gaming disease** : perte de contrôle et priorité ultime donnée aux activités de jeux vidéo. Un diagnostic qui semble long : 12 mois. C'est à partir de cette période annuelle que la personne s'échappe des activités normales de la vie comme les moments sociaux, famille, sportive, l'éducation ou toute dimension de la vie... pour être "enfin" diagnostiquée atteinte.

- **Nausée virtuelle ou nausée du scrolling** : maux de ventre ou vertiges ressentis par certaines personnes lorsqu'elles font défiler sur l'écran de leurs smartphones ou tablettes leurs fils d'actualité des réseaux sociaux.

- **Doomscrolling** : contraction des termes anglais "doom" qui signifie mort et "scrolling" l'acte de faire défiler les contenus sur les réseaux sociaux. Ce qui peut provoquer un effet systémique. Par exemple, à force de scroller, une connexion addictive se crée, l'alimentation peut se retrouver déstructurer en recherchant des repas rapides ou faciles à manger pour rester devant ses écrans. En chaîne, cela peut engendrer de la sédentarité, de l'obésité,...

Pour terminer une note particulière pour nos yeux qui sont très exploités par nos usages des écrans : ordinateur, smartphone, écran publicitaire, écran d'information, tableau de bord de la voiture, télévision,... Ce qui peut provoquer plusieurs maux dont une sécheresse oculaire éprouvant par exemple des difficultés à cligner des yeux.

Lorsque nous sommes face à nos écrans, les yeux semblent moins souvent cligner. Quelques exercices conseillés pour prendre soin de nos yeux.

- Cligner des yeux en les laissant quelques secondes fermés pour les réhydrater
- Rouler les yeux de façon circulaire
- Fixer le regard sur un point éloigné. Idéalement devant une fenêtre où votre vision peut se porter sur un point proche dans la pièce puis un autre à

l'extérieur à plusieurs centaines de mètres ou plus. Ceci prenant à peine une minute et exerçant les muscles de vos yeux.
- Placer les paumes sur les yeux pour reposer les yeux de toute luminosité environnante.

Pour traiter ces maux, des sociétés existent pour accompagner les personnes atteintes. La première étape fondamentale conseillée est que la personne en prenne conscience et accepte d'être aidée.

Assemblée Nationale

La dissolution de l'Assemblée Nationale du 9 juin 2024 par notre président de la république Emmanuel Macron semble avoir positionné ce sujet stratégique pour notre nation en arrière plan au niveau médiatique.

Au delà des questions posées par certains journalistes parfois douteuses aux différents partis, je souhaite que ces sujets technologiques et stratégiques ne se laissent pas étouffés par les sujets politiques.

Pour poursuivre notre progression sur le podium international.

Chapitre 5

Qu'est-ce qui bloque ?

Pour progresser, avancer sans friction ou sortir d'une inertie, plusieurs éléments fondamentaux semblent manquer à l'appel. Persuadée qu'à chaque faille, un levier peut être actionné ; je prends de l'altitude des bruits parasites, intempestifs, lourds, pour tenter de comprendre ces phénomènes qui nous ralentissent.

A travers ce chapitre, j'aimerais vous présenter quelques moments de ma vie, parfois brefs qui ont forgé mes philosophies et pour certains ont contribué à élargir le spectre de ma fenêtre. Et c'est avec l'accélération puissante de l'ère technologique intelligente où plus que jamais se recentrer sur l'humain, nos valeurs, apporte une valeur unique. Nécessaire. Nous pourrions alors atteindre un niveau supérieur, en levant les limites de psychismes pour mieux avancer collectivement.

Je distingue **trois grandes thématiques** en tant que **goulots d'étranglements au déploiement de l'IA** :
- Humain
- Technique
- Financier

Le plus grand ralentisseur me semble être aujourd'hui l'humain. En effet, malgré la progression fulgurante des technologies et des solutions sur le marché, elles semblent peiner à être adoptées ou même tolérées.

Mon livre ambitionnant de remettre l'humain au centre des débats technologiques, je développerai ici plus les points de friction, les ralentisseurs que j'ai pu détecté sur le terrain, par mes recherches et réflexions. Et qui pourraient se révéler dans un avenir proche être des faiblesses sur le marché économique pour les entreprises qui n'auront pas pris le temps de prendre le recul nécessaire pour inclure ces points dans leur plan stratégique et tactique.

Leadership

Les meilleurs leaders sont aux fronts dans les périodes difficiles. Je trouve que notre période les mets sous les feux des projecteurs et à plus à rude épreuve. Leurs capacités à affronter les défis croient en nombre, en complexité. Quelque soit leur environnement, politique, entreprise, associatif, spirituel, éducation,... Ils font face à des enjeux exigeant des connaissances transverses : économiques, géopolitiques, environnementales, philosophiques, psychologiques, sociales, juridiques, technologiques,... Ainsi que l'une des dimensions les plus importantes pour mener des équipes : l'intelligence émotionnelle et de situation. À voir la quantité croissante de posts sur les réseaux sociaux à dénoncer leur manager, on peut croire que beaucoup en manque.

Le culte de l'égo pour certains, une inattention pour d'autres, un manque de compétence,... Nous y reviendrons plus tard dans ce chapitre. À travers des expériences vécues, je vous divulgue des exemples concrets de comment et pourquoi des collaborateurs peuvent arriver à un stade de "ras le bol". Ce qui peut influer sur les activités économiques d'une entreprise.

Au delà de ces limites psychiques qui mettent en péril les personnes atteintes ; il y a une sorte de phénomène dans les entreprises. Je me demande si la vitesse d'accélération de l'IA Gen est lente dû à un manque de prise de conscience ou aux leaders souhaitant protéger leurs équipes ou encore les personnes elles-même repoussant tant que possible cette montée en compétences de peur de perdre leur emploi.

Il me semble clair que plus l'IA Gen sera adoptée en entreprise et plus les emplois seront menacés. Ça semble évident. Mais des discours contradictoires viennent semer un doute ou rassurer là où le risque est avéré.

C'est dans ces moments de doute où je mets en exergue l'importance de la gestion des ressources humaines. Car c'est comme un combat avant le combat qui se joue. L'Homme contre la machine. Combien de temps l'Homme maintiendra sa position ?

Proche de l'IA, le patrimoine humain est au centre du débat. C'est dans ces moments que les leaders d'exception se démarquent en fédérant leurs collaborateurs. Au delà du titre, l'incarnation d'un leader. **Une élévation de l'esprit et de l'être au profit de soi et d'autrui.** Un précieux.

Personae

J'émets quelques réflexions. Pourquoi certains managers ne cernent pas l'ampleur de l'importance de chérir les meilleurs collaborateurs. Ces stars. J'ai vu à maintes reprises, des collègues qui avaient des capacités hors normes, capables de déplacer des montagnes. Mais une paralysie managériale, consciente, a provoqué une vague de turnovers qui pouvaient être évités.

À quand la réalisation par le corps managérial que les ressources humaines sont aussi importantes que les clients ? Je précise, deux choses.

La première, mes propos concernent les ressources humaines à forte valeur ajoutée pour les activités exogènes et endogènes. Vous savez ces personnes dans vos équipes que vous éprouverez des difficultés à retrouver ailleurs car rares ou impossible à remplacer par une IA car nous n'y sommes pas encore. Je vais être dure mais pragmatique, la majorité des autres ressources humaines risquent très fortement d'être remplacées par la progression technologique.

La seconde, mes dires orientent et proposent des axes d'amélioration à plusieurs niveaux. Des dispositifs existent au sein de grands groupes qui établissent des fiches pour chaque employé pour dresser une fiche d'identité complète avec des fonctionnalités de détection de profils à "haut potentiel". C'est la théorie.

Dans la pratique, pour détecter ces perles rares, des critères sont définis par les équipes RH et qui sont souvent en adéquation avec la stratégie de l'entreprise et pour chaque poste.

Ce que je reproche à certains, c'est l'inertie de la matérialisation de ce processus disponible. Le chemin entre la ressource et son inscription sur la fiche "as a potential". J'ai vu plusieurs personnes qui rentraient dans les critères mais étaient absentes car le manager direct ne dédaignait pas remonter cette information.

Plusieurs raisons. Par crainte que la personne à "haut potentiel" se retrouve à un poste plus élevé que le manager, une honte pour certain. On revient au problème d'égo :) Une grande part de jalousie et de rengaine jouaient pour ces personnes.

Pour d'autres, c'était le besoin de garder la personne au sein de l'équipe car la voir aller vers des hautes sphères allaient forcément réduire la capacité de productivité de l'équipe en retirant un ETP efficace. Sachant que souvent ces personnes deviennent indispensables par leur compétences et engagement, la question ne se pose donc même pas. L'information reste en bas. Confinée, gardée telle un précieux. Venant pour certain même à colporter des rumeurs négatives pour que la personne ne soit pas incluse dans des programmes de promotion. C'est dire !

Un lavage s'impose. Philosophique. Structurel. De valeurs.

Alors imaginez-moi, à contempler ces agissements, ces paroles, ces attitudes dénigrantes,... Complètement contraires à mes propres valeurs. J'ai combattu à mon échelle pour faire changer les choses, les modes de pensées, faire bouger les lignes en secouant le cocotier comme certains me disaient,... à ma manière pour l'intérêt de collègues, amis, voisins,...

Par la suite, j'ai eu des échos de personnes que je suivais de loin m'annoncer qu'elles avaient évolué, progressé dans la chaine hiérarchique. Qu'on leur témoignait plus de confiance. Certaines m'avaient partagé leur bonheur d'avoir un terrain d'expression plus large, de responsabilité croissante. Dans l'ombre jadis, leur potentiel s'est révélé par un travail de fond : par une main sur l'épaule dans les moments pesants, des mots spécifiques au moment opportun, des sourires échangés, une oreille attentive lors de moments délicats, un partage de bonheur dans les célébrations,... Une disponibilité ponctuée. Une écoute attentive à toute épreuve et avec des actions concrètes.

On avance alors collectivement ! Une solidarité sincère entre les membres d'une équipe. Lorsque les RH et les managers cartographient les profils de leurs collaborateurs, une attention particulière devrait donc être portée.

Richesse.s. de ce que vous renvoyez

Lors d'une journée bien chaude, assez pour en peiner sans climatisation, nous sommes dans un Open Space et de la moquette au sol. Quand un des managers se lève pour aller au coin café se préparer un café bien serré puis je le vois se diriger vers moi. Je vous rappelle le contexte de l'atmosphère pesante, en pleine concentration sur une activité et là il m'interrompt pour me conter une histoire de son passé professionnel...

Tel un court métrage, la mise en avant de son parcours démarre, ses capacités et les craintes qu'on

pouvait éprouver lorsqu'il entrait dans une salle...
Vous voyez un peu le personnage. À cet instant
exerçant mon côté diplomate, je l'écoute en
acquiesçant de la tête. Mon silence aurait dû traduire
mes pensées... Et c'est là.

Ce moment précis où tout chavire !
Juste quelques mots.
Qui font perdre l'estime envers une personne, un
humain.
Qui par ses paroles ne semble plus l'être.

Il a commencé à me faire l'éloge de sa réussite à
déjouer la tentative d'une ancienne de ses
subordonnées durant une procédure Prudhommales.
Comme quoi il a été accusé à tort et que jamais, mais
vraiment jamais il ne serait capable de tels actes.

Vous savez au fil des années qui passent, de vos
rencontres, vos voyages et vos expériences autant
professionnelles que personnelles surtout si vous êtes
dotés d'empathie et à condition d'avoir travailler sur
soi, vous acquerrez une certaine sensibilité, un
sixième sens. Vous savez cette finesse de
psychanalyse.

Je confesse celui là je l'avais déjà catégorisé
"pervers-narcissique" lors notre premier échange.
Interaction sociale oblige et collectif nous apprenons
à mener notre barque en faisant front commun avec
tout type de personnalité. Mais vous voyez ce sixième
sens certain l'ont mais "sans" la dimension valeurs
humaines. Ce qui fait que des personnes comme lui se

livrent librement et font les paons pensant être une race supérieure. Ou pour d'autres cherchant simplement à s'imposer en rabaissant leurs subordonnés.

Erreur de jugement trop souvent rencontrée et qui a provoqué plusieurs départs dont j'ai été spectatrice.

Ces lignes remises dans le but de ce sous-chapitre, nos mots ont un poids. Nos attitudes et nos comportements traduisent nos valeurs.

Sachez bien que parmi vos collaborateurs, membre de votre famille, votre cercle proche, vous avez des personnes éveillées. Les sens ouverts. Souvent plus observatrices que verbeuses. C'est ce qui caractérisent parfois les "penseurs".

Vous savez ces personnes qu'on entends lors d'une session de transmission de connaissance, un partage d'opinion, une réunion de brainstorming, la recherche de résolution d'un problème,... Lorsque c'est utile. Ils ont aussi un don pour s'entourer de personnes avec le même esprit, les mêmes aspirations. Une quête comblée de sens. La vie étant trop précieuse.

D'où l'importance d'être cohérent avec soi même et aligné avec la vision de l'organisation avec laquelle nous sommes engagés.

Si vous visez à attirer les meilleurs au sein de vos équipes, vous devriez incarner "les meilleurs". Car les attirer est une chose "plutôt" simple, les fidéliser est une autre paire de manche. C'est là qu'intervient la culture d'entreprise.

Trop ambitieux et pas à la hauteur

Un jour ensoleillé au travail, alors que j'étais pensive à comment concevoir un rapport de visualisation d'indicateur pour qu'il réponde au besoin d'un client, plongeant mon regard sur diverses formes devant moi. C'est alors que je fixais inconsciemment un de mes managers. Mon patron m'ayant remarqué, réagit « Dis-donc, comment tu le fixes ! » puis se tourne vers lui et ajoute « Tu es visiblement sa source d'inspiration ! ».

Après avoir rit de sa prompt et erronée réflexion, j'ai réalisé l'importance de véhiculer la créativité, de promouvoir l'innovation et de transmettre ces valeurs aux collaborateurs. Car malgré sa taquinerie, il n'avait pas totalement tort.

J'étais entourée de personnes inspirantes par leurs modes de pensées, de créer, de se surpasser et animées par une quête constante de l'excellence. Etant moi-même portée par le désir ardent de me surpasser : je me sentais pleinement dans mon élément !

À contrario, lorsqu'il m'arrivait, fort heureusement rarement, d'être au sein d'une équipe où l'appât du gain prônait ou que les intérêts personnels des membres primaient sur ceux de l'entreprise, je sentais une régression brutale de mon environnement.

À l'heure où la compétition économique est rude et que les recrues s'offre le privilège de choisir l'entreprise élue et les coûts de recrutement pouvant être optimisés, il est plus que nécessaire que les DRH prennent du recul pour mener des réflexions profondes sur leurs cibles. Une cohérence et la mesure des propos dans leurs annonces.

Par exemple, souhaitant recruter pour ma société, j'ai été parcourir des annonces pour jauger le contenu pour des consultants data en contrat CDI. J'ai alors découvert un critère qui semble se répéter de nombreuses fois : "esprit entrepreneur".

Mais souhaitent-ils vraiment ces profils ? Ont-ils conscience des conséquences s'embaucher un tel profil ? C'est comme accueillir un lion ou une lionne dans son équipe. Il est difficilement docile.

Un entrepreneur par définition à un esprit d'initiative naturel, va au devant de la difficulté, est demandeur de défi, à un esprit de résolution,... Mais en retour, que va lui offrir l'entreprise ? Car ces personnes ont une soif immense de curiosité et d'expression. Ils ont besoin d'un terrain de jeu. Heureusement, il existe des entreprises douées qui ont su créer comme des programmes sous forme de startup au sein de leur entreprise. Par la suite, le programme terminé, un projet permettant de poursuivre l'aventure au sein de l'entreprise, un accompagnement pour créer une entreprise ou encore une rupture en bon terme qui est souvent envisagée dès le début de la relation.

Sans naïveté, avoir des entrepreneurs dans une entreprise, nommés intrapreneurs, c'est sportif !

Les environnements qui instillent une culture collective et solidaire qui permet de concrétiser et de préparer le terrain pour les générations futures en bonne intelligence. Ceux-là auront tout compris.

L'ADN d'une organisation

Comme vu précédemment, à travers un aperçu de l'importance de veiller à s'entourer de personnes qui ont la capacité de porter le message du dirigeant ou pour les plus grandes sociétés, d'incarner l'ADN définit pour atteindre la vision stratégique. Je vois cela comme une énorme machine industrielle. Plus la machine a été fabriquée avec des matériaux solides plus elle sera puissante sur le marché économique. Imaginez le paysage. La machine entreposée sur un sol en béton armé et ses fondations fabriquées avec des matériaux à base de métaux précieux, d'aluminium, et de fibre de carbone. Ses mouvements véhiculés par des engrenages bien huilés. Sa partie visible aiguisée par des diamants et arborant fièrement des pierres précieuses.

C'est un monde en mouvement constant. Telle une mécanique en symbiose. Vous savez cette délicate atmosphère qui plane, qu'on peut effleurer le parfum si particulier. J'aime beaucoup aller à la rencontre de nouvelles personnes, des lieux où ils évoluent. Comment les processus s'opèrent, comment l'opérationnel concrétise les stratégies et tactiques dessinées,... Et c'est là un plaisir de ressentir une alchimie au sein des équipes, cette énergie qui en émane, un groupement de personnes. Un collectif.

Justement ce collectif. Mot revenu tendance depuis l'avènement de la pandémie Covid19 et la disparition soudaine, longue des employés des bureaux.

Puis *trend* renforcée par l'arrivée de l'intelligence artificielle et les technologies transformant nos journées et celles de nos enfants en humains enclins à se réfugier entre quatre murs, hormis leur main tapotant sur un rectangle bruyant ou à coulisser leur doigt sur un objet en forme de planche. Leur corps dans sa globalité en position pendant des heures à un angle de 90° sans mouvement tels des robots. Et ceci transposé dans le monde du travail, plus exactement pour les sédentaires, le retour au bureau a permis de décongestionner plusieurs maux. Physiques, sociaux, mentaux, psychologiques,... Avantages ou inconvénients ? Loin d'être noir ou blanc, ces périodes si nous prenons du recul, nous renforcent en nous poussant dans nos retranchements.

Comme beaucoup, j'ai vécu cette période pandémique cloisonnée chez moi. À cette époque, localisée au Luxembourg à quelques minutes de la frontière Allemande. Nous étions plutôt bien lotis. Dans une maison située dans une rue en impasse, entourée de plusieurs maisons, situées près d'un ruisseau et en face d'une grande forêt, nous pouvions nous évader à notre guise. De plus, les sorties étaient globalement autorisées mais pas les regroupements. Journée alors fragmentée entre le travail, le suivi des cours à distance de mon fils lycéen, la maison, les loisirs,... Jour après jour, semaine après semaine. Finalement, mois après mois. Le bout du tunnel s'éloignait. Et une routine s'installait... Nos managers nous invitaient à des réunions d'équipe à distance, en Visio. Avec une invitation solennelle de montrer notre beau visage. Créer un semblant de connexion, lien fraternel qui commençait à se perdre, les repères de la culture d'entreprise s'envoler... C'est alors que notre manager a eu la brillante idée de nous inviter à proposer des activités collectives à travers nos écrans. Cette fenêtre qui nous offrait un portail vers des moments de nous réunir, nous voir, rire, nous taquiner comme on pouvait le faire au bureau.

Oui d'humeur parfois taquine car disons-le, notre métier de consultant étant déjà assez exigeant donc nous avions à coeur de créer un environnement plus convivial et fun pour nos collaborateurs. Détendre l'atmosphère pour maintes raisons.

C'est alors que sur les bons conseils de notre manager, nous avions planifié des retrouvailles quotidiennes sur des thématiques variées. Dans l'ensemble, c'était très productif ! Des liens se créaient avec les nouveaux arrivants.

Une communauté virtuelle avait été érigée. En plus de ma mission et à cette même période, ayant détecté une opportunité potentielle, j'avais initié un projet d'innovation en IA qui avait impliqué plusieurs de nos entités à l'international. En quelques semaines, nous avions embarqué des membres de notre équipe du Luxembourg avec des origines de France, d'Algérie et du Maroc, des membres de l'entité Belge ayant des origines du Moyen-Orient, échangé avec l'entité Espagnole avec des origines Françaises et même une autre équipe spécialisée en CyberDéfense à Paris. Cosmopolite. Un vrai Melting-Pot ! Les frontières étaient effacées et les limites liées aux déplacements physiques étaient levées.

Cette facilité a été décuplée par les moments que nous traversions. Moins de loisirs, l'envie de contribuer à des projets transverses, d'autres seuls chez eux, s'ennuyant... Ce projet innovant nous offrait une sorte d'échappatoire à notre routine avec sa **fraicheur** et la **liberté d'expression** qui était offerte par notre manager. Il nous poussait à nous dépasser **ensemble**. Nous retrouvant en soirée, le matin à 6h30 avant de commencer nos missions clients ou encore le weekend. Nous ne comptions ni les heures ni les efforts à fournir. Nous étions à fond ! L'un de mes meilleurs souvenirs en entreprise en tant que salariée. Aucune limite à l'imaginaire, à la réalisation, les personnes avec des personnalités exceptionnelles. Des passionnés.

Et c'est là où je veux en venir. Peu importe la localisation de chacun, les origines des collaborateurs, leur langue, leurs convictions,... Une culture d'entreprise se vit, se partage, se diffuse. Tel le cheminement de l'eau dans un ruisseau, c'est sa source et la météo du manager de proximité qui donne le tempo.

Notre manager avait le don de gérer ses équipes tel un leader 4.0. Il m'a beaucoup inspiré par ses modes de management et sa personnalité.

On dit souvent qu'on quitte son manager pas sa société. Je confirme et nuance. C'est un des éléments fondateurs d'une expérience collaborateur. Le référent direct est notre interlocuteur privilégié. C'est lui qui donne le ton et porte la vision de la société. À sa charge de nous montrer la voie, d'être présent dans les bons moments et un pilier dans les plus difficiles. Quel bonheur d'avoir côtoyé des managers d'exception. J'ai parfois des pensées pour ceux que je suis de loin et qui évoluent auprès de certains autres. **La nuance réside dans les limites opérationnelles du manager exceptionnel**. S'il ne peut répondre aux ambitions fortes d'un collaborateur, il naviguera sûrement vers de nouveaux horizons.

L'essence d'une équipe est l'atmosphère instillée par son manager direct et ses valeurs. J'ai appris à rapidement détecter les climats toxiques et ceux où au contraire,... votre esprit voyage dans des contrées pleines de verdure, de soleil. Votre mental se forge par le parfum dynamique d'esprits vifs animés par une quête allant au delà de la norme.

Embellie par une sagesse, une bienveillance, une élégance, un respect de soi et des autres, une ouverture d'esprit, une maitrise de ses émotions,... Une tête bien sur ses épaules. Esprit ouvert au monde.

Lorsque vous goutez à un tel environnement qui a un supplément d'âme, ça devient addictif. Vous recherchez donc à le choyer pour prolonger l'expérience. Une dépendance tant recherchée s'installe. Et là se lève le voile d'un portail mystique laissant entrevoir le chemin menant à l'excellence.

Et ma transition est là car le sujet est tellement riche méritant un livre dédié que je l'avoue ça sera sûrement le sujet d'un prochain livre, surtout si vous y manifester de l'intérêt :)

Je finirai ce passage en mettant en exergue l'importance d'infuser l'ADN au sein de ses partenaires. J'emploie volontairement le terme de **partenaires** pour désigner ses collaborateurs car les modes de travail évoluent. Les mentalités doivent aussi changer. Nous ne sommes plus à la période où jadis les personnes étaient **obligées** de venir travailler pour subsister et où les responsables abusaient de leur pouvoir. Les personnes l'ont compris à travers la Covid19 en se réorientant vers d'autres métiers plus porteurs. Moins volatiles suite à une crise mondiale.

Changeons de paradigme

Les employés choisissent pour qui travailler et d'où travailler. Je n'en fais pas une généralité. C'est plutôt les statistiques qui parlent et ciblant ceux qui exercent des métiers permettant de télétravailler. En majorité, les jeunes de la génération Z et de plus en plus de personnes de tout âge recherchent un sens à leur activité. Mais les jeunes ont plus d'aisance à se le permettre. Que ça soit par une flexibilité offerte par les parents, ou par des investissements financiers très tôt dans les cryptomonnaies, dans l'immobilier locatif, par des efforts,... Sans généraliser, les jeunes nés après les années 2000 semblent être plus agiles et dotés d'une vélocité dans leurs actions. Ils ont aussi un désir ardent et s'impliquent à contribuer à un meilleur environnement, une meilleure planète. Voyagent, postent ouvertement leurs opinions sur les réseaux sociaux, au point pour certains de se voir attaquer pour avoir mis à mal la réputation d'une entreprise,... Certains disent qu'ils sont perdus, d'autres les critiquent d'être vides de sens et dénuer de raisonnement sensé... Ce que j'en dis c'est qu'ils font leur loi et inspirent à repenser les modes de travail. Peu importe leur esprit, les conséquences parfois détonnent. Ils ont un effet boomerang que nous avions peu à leur âge.

Donc rechercher à attirer ces esprits vifs, curieux, de plus en plus pluridisciplinaires au sein de nos équipes exige de revoir nos propres modes de pensées. S'ils nous rejoignent c'est pour leur offrir un terrain qui soit en adéquation avec leurs valeurs et ambitions. Ou ils s'en iront. Ils participerons à la construction de notre chemin vers l'atteinte de nos objectifs, à nos côtés en attendant notre reconnaissance et notre respect.

Tout en parallèle, les emplois s'hybrident et mutent avec des systèmes intelligents. Tout ceci à rapprocher pour repenser notre présent et notre futur.

La culture de l'immédiateté

Il semble que ce soit les plus jeunes générations qui soient concernées par cette culture de vouloir obtenir des résultats à leur demande dans des temps très courts, quasi-instantané. Loin de moi la réflexion de généraliser à tous les jeunes mais plutôt d'éveiller à un manque de patience. À une diminution du goût de l'effort. Probablement dû à ce que j'appelle le **syndrome du scroll**. Le geste du doigt sur les smartphones qui consiste de passer d'un post à un autre. Dont l'attractivité de chaque post est jaugée en moins de 5 secondes.

Cette habitude pouvant entrainer une culture de l'impatience au temps nécessaire à la courbe d'apprentissage, à la progression par l'expérience. Créant un semblant que tout peut être acquis plus vite. Si vous reconnaissez des personnes de votre entourage dans cette description, il est probable qu'ils préfèrent des tâches rapides à exécuter au contraire des responsabilités avec des approfondissements nécessaires.

Leur confier des tâches plus digitales, les mettre au contact des systèmes intelligents vous sera plus bénéfique. Pour eux aussi. Leur esprit *digital native* est comme connecté avec les concepts des IA et tout domaine d'application informatique : blockchain, Web3, cryptomonnaies, NFT,... Si ce n'est pas le cas, acquérir les connaissances nécessaires devrait être assez rapide.

Le Graal des managers

Un terme profond et volatile à la fois. D'après le dictionnaire Larousse, **l'engagement** est synonyme de promesse, de prise de parti sur les problèmes politiques ou sociaux par son action et ses discours ou encore l'action de louer les services de quelqu'un. En psychologie sociale, l'engagement désigne l'ensemble des conséquences d'un acte sur le comportement et les attitudes. A l'ère des systèmes digitalisés, automatisés, robotisés et du melting-pot, l'engagement est beaucoup plus complexe à définir qu'il n'y parait.

Comment peut-on définir l'engagement de ses collaborateurs et quels sont les intérêts de s'en préoccuper ? Peut-on le diagnostiquer ? Quels sont les leviers disponibles aux managers pour le maitriser ? Comment le niveau d'engagement des collaborateurs peut impacter les stratégies des entreprises ? Quelles sont les menaces internes à cet engagement ?

Plus l'entreprise est grande, plus le taux d'engagement diminue. C'est un constat avancé dans un article par Le Monde qui date de 2016. Malgré que les taux ont changé depuis le passage de la Covid19, la thématique reste d'actualité. Ils citent notamment des méthodes pour jauger la satisfaction des collaborateurs avec le cas de la société Sodexo et mettent en lumière l'importance de déclencher un plan d'action selon les résultats de ces enquêtes.

L'engagement des collaborateurs est une quête multidimensionnelle qui au cours des 30 dernières années, plusieurs millions de dollars ont été investis par les entreprises dans la recherche ainsi que dans les cabinets de coaching et de consulting ; l'engagement se révèle être leur Saint Graal. Entre les cabinets de consulting, les innovations marketing intégrées au RH et les bulldozers du « Big Data », le marché semble bien juteux ! Donc, qu'est ce que l'engagement ?

Historiquement, l'engagement a été défini par Allport en 1943, puis repris par Dubin en 1956 et enfin par Siegel en 1969 (psychologues). Pour synthétiser leurs points de vue : l'engagement se manifeste à travers la contribution volontaire du collaborateur par le dépassement des attentes placées en lui (Akoya consulting).

A la granularité « Homme », l'engagement des salariés fut initialement décrit comme l'intensité de l'attachement et de l'identification d'un individu à son organisation (psychiatres : Porter, Steers, Mowday & Boulian, 1974). Selon le psychologue Porter et ses partenaires, l'engagement organisationnel se caractérise par trois éléments : une forte croyance dans les valeurs et les buts de l'entreprise, la volonté d'accomplir des efforts en faveur de celle-ci, et le souhait d'en rester membre.

Les plus célèbres travaux sont ceux des psychologues Meyer et Allen (1984-1997) qui ont modélisé une conception tridimensionnelle de l'implication qui comprend les formes affective, normative, et de continuation.

Chaque dimension d'implication se réfère à :

- L'attachement émotionnel et au souhait d'identification à l'entreprise (affective)
- Une connaissance calculée que l'individu possède des coûts liés à son départ de l'entreprise (continuation)
- Au sentiment d'obligation de rester travailler dans l'entreprise par loyauté, devoir moral ou par un désir de clôturer un sujet dans lequel l'employé ressent son implication (normative)

Enfin, d'après l'institut Gallup, un engagement élevé permettrait une hausse d'au moins 20% de la productivité et de la rentabilité. A contrario, l'institut IBET estime le coût de désengagement à 11.000 € par employé et par an dans le privé.

Le revers de la médaille : le désengagement

C'est l'arrêt ou la diminution de l'implication de l'individu vis-à-vis de ses responsables, son entreprise et son travail. Souvent dû par une réaction en chaîne, sentiment de faire des efforts en vain, manque de reconnaissance, ne trouvant plus de sens à sa tâche, prises d'initiative bridées, conflit entre collaborateurs, harcèlement,... le tableau du travail noircit jour après jour.

La personne va progressivement se sentir libre de tout engagement moral et loyal envers son entreprise car tout son environnement est devenu dénoué de sens. Parfois même sans s'en rendre compte !

Dès sa détection, ce phénomène est à rapidement endiguer. Voici quelques causes du désengagement :
- Image négative de l'entreprise
- Qualité du management médiocre
- L'absence de reconnaissance du travail et des efforts fournis

À mon humble avis, beaucoup trop de managers négligent encore la reconnaissance, sous-estime son impact positif et systémique et ne consacrent pas le temps nécessaire à sa mise en forme. Mise à part le bien-être, la reconnaissance que vous leur témoignez ainsi que l'opportunité que vous leurs donner de se réaliser, l'engagement vous permettra d'acquérir des catalyseurs pour vos stratégies d'entreprise internes comme externes.

Sachez que peu d'entreprises peuvent se prévaloir d'être comblée de collaborateurs motivés, impliqués et engagés. C'est un privilège et une force non négligeables !

La participation du salarié à la performance de l'entreprise peut être mise en valeur par certains indicateurs tels que le nombre d'heures travaillées en dehors des horaires normaux, la participation à des initiatives autres que les réunions prévues, le nombre d'actions achetées par le salarié ainsi que des indicateurs plus classiques comme le turnover ou l'absentéisme.

L'hypothèse que j'émets est que l'essence même du plan d'action de l'optimisation de l'engagement des collaborateurs est la connaissance profonde de leurs aspirations, leitmotiv, situations personnelles et des difficultés rencontrées. Il faut être capable de cartographier le profil de chacun des collaborateurs. Dans le cas contraire, cela reviendrait à avancer avec des œillères.

Mon propos est que les collaborateurs ont besoin d'avoir une personne solide mentalement lors de cas difficiles et sachant rendre à César ce qui est à César dans les meilleurs moments.

Il est préférable de connaître ce qu'il y a à améliorer et pour cela il faudrait créer un climat de confiance avec ses employés pour qu'ils soient en mesure de se confier à vous. Il va s'en dire que votre discrétion devra être de mise !

Enfin, même en situation d'engagement important, il faut continuer à veiller sur ses salariés et notamment à ceux qui peuvent être sur-engagés car cela peut conduire au surmenage voire au burnout.

Gérer l'engagement, c'est donc aussi s'engager sur le long-terme.

Menaces internes : collaborateurs sans foi ni loi

Véritable fléau des managers depuis des décennies : ces employés qui provoquent des troubles en sous-marin sont des armes à destruction massive et à la fois lentes ! Ils sont quasiment indétectables car ils jouent un double-jeu (ou plus). Ils incarnent souvent des employés en apparence dévoués et modèles mais se révèlent être une réelle menace pour vos stratégies et l'avenir de votre entreprise.

Les raisons ? Friand de pouvoir, par égo démesuré, jalousie, pour endiguer une concurrence à un poste, mysogynes ou encore par simple jouissance : les manipulations internes ne manquent pas pour désengager vos employés.

Pour en prendre conscience, je vous conseille la lecture de deux livres qui vous cartographieront et vous permettront de détecter les principaux profils présents dans nos entreprises actuelles : "La psychanalyse expliquée aux managers" de Roland Burner et le "Comportements humains et management" d'Alexandre Bailly, Bourgeois, Raulet-Croset et Roland-Lévy.

Certains indicateurs de désengagement semblent évidents comme : l'absentéisme à répétition, une baisse de la qualité du travail et la créativité, une humeur maussade, une personne qui vous demande d'être affectée à un autre département ou un autre projet sans vouloir vous donner plus d'explications,...

Voici un partage d'expérience.

Durant mes expériences professionnelles, j'ai parfois atterri au sein d'équipes littéralement désengagées. Malgré mon scepticisme du début, il s'avère que l'expérience m'a été extrêmement enrichissante.

Ces personnes après avoir tenté en vain, dans un premier temps, de cerner les sources de mon degré d'engagement dans mon travail ; à savoir des questions à propos de mon salaire, de mes ambitions dans l'entreprise, de mes aspirations, de mes goûts ; puis l'étape suivante a été d'essayer de me décourager en prétextant qu'aucune perspective d'évolution n'existe au sein de notre entreprise, me noircissant le tableau des managers, me donnant une charge de travail énormissime...

Ils ont finalement, au fil du temps (et croyez-moi, il en a fallu du temps), à en prendre de la graine, à s'investir dans leur travail. Pour citer quelques changements opérés : ils ont commencé à être plus matinal, à faire de plus longues journées, à être moins négligeant durant une intéraction avec le client, être plus attentif à la qualité de leur travail,...

Une atmosphère beaucoup plus saine s'est instaurée.

Au fil de mes expériences et de mes recherches, j'ai réalisé que ces changements pouvaient être dû à une peur du jugement, d'être démasqué par les supérieurs, un manque de confiance en soi, une envie de radicalement changer ou tout ceci à la fois.

Apprenez à vous entourer de collaborateurs doués d'énergie, d'une capacité d'adaptation et de valeurs vertueuses puis apprenez à les conserver.

Méthode pour détecter les personnes toxiques dans vos équipes.

Je vous ai révélé le fond et la forme potentielle pour détecter les plus performants. Mon partage serait incomplet sans vous transmettre une esquisse brève de comment détecter les personnes toxiques :)

- Investiguez vos équipes pour lister les personnes les plus proches des managers ou du corps dirigeant. Ces personnalités s'efforcent de toujours avoir un réseau qui les supportera, les protégera dans les moments délicats.

- Collecter des avis sur l'environnement de l'entreprise, des équipes, des managers,... En laissant la liberté qu'ils soient anonymes ou nominatifs. Beaucoup n'osent pas encore s'exprimer. C'est pourquoi les résultats pourraient montrer des avis binaires. Soit un tableau tout noir ou tout blanc.

- Collecter l'identité des personnes les plus visibles et lister celles qui se mettent le plus en avant en se ventant de leurs réalisations. On peut découvrir que leurs "soi-disant" réalisations peuvent être le fruit d'autres collaborateurs.

Entre individualisme, machine et collectif

La France mérite mieux. Ce qu'en sociologie on appelle la "masse populaire" expression forgée dans les années 1950 et représente la majorité en nombre de la population, je le nomme plutôt le "collectif". Malgré sa source dans l'antiquité à Rome, péjorativement la plèbe, la classe la plus basse d'un peuple ; je suis convaincue que c'est dans les synergies et les alliances que nous pouvons progresser au mieux. Toute génération, toute classe sociale, toute origine, tout genre, toute conviction, tout métier. Une solidarité.

En étant unis face à la difficulté, en alliant nos forces, nous en ressortons plus fort. Evidemment, par acte égoïste, ceux qui agissent par individualisme en pensant à leur propre intérêt, le collectif en est affaibli. Ce qui résulte en des brèches éparpillées.

Par mes lectures récentes, d'articles de journaux, d'échanges lors d'évènements professionnels et personnels, les réactions et les paroles de mes interlocuteurs me prouvent qu'entre les personnes ayant les connaissances nécessaires en IA, celles qui prétendent savoir et pire encore celles qui ne réalisent même pas l'intérêt de s'y mettre, un fossé de plus en plus grand se creuse. Certains avançant que l'impact de l'IA étant tellement lointain qu'ils s'y mettront lorsqu'ils n'auront pas le choix.

C'est un des moments où le concept de collectif intervient. Notre président de la république Emmanuel Macron a lancé en mai 2024 une directive pour acculturer les Français à travers des cafés IA. Probablement après les conseils promulgués par le Conseil Numérique (CNum) publiés dans l'ouvrage "I.A. Notre ambition pour la France". Néanmoins, je reste perplexe face à cette initiative car connaissant la vitesse de déploiement des initiatives étatiques comparées à la vitesse nécessaire pour progresser sur ces sujets. Ajouté aux vacances d'été proches puis le temps nécessaire pour le démarrage de la nouvelle année avec la rentrée scolaire. Nous n'y sommes pas. C'est pourquoi il faudrait soit accélérer son déploiement soit en lancer d'autres en parallèle.

Mes conseils :
- Former les Français à travers des canaux pouvant toucher le maximum de personnes. Je pense particulièrement aux chaînes généralistes comme TF1, France2, M6. J'imagine une sensibilisation quotidienne très courte sous forme de jeu durant les journaux télévisés ou durant les publicités. Convaincue que la répétition fera son chemin ainsi que la facilité par le ludique puisse attirer tout âge à s'y intéresser.

- Tel un bol de céréales matinal de votre marque préférée ; j'emploierai la mienne Kellog's , où nous personnes serions les pétales de maïs représentant tous ensemble le collectif. Et le lait, lorsqu'il est versé dans le bol à la diffusion de connaissance. Les pétales de maïs s'imbibent petit à petit des bienfaits du lait.

J'ai d'autres idées que nous pourrons débattre et développer au besoin à l'avenir.

Cultiver son jardin

Lorsque je sors, navigue dans des lieux publics et tends l'oreille à mon environnement particulièrement aux générations plus anciennes, ça me rassure de les entendre discuter de sujets plus terre à terre comme "l'achat d'un melon qui n'était pas bon" et leurs dernières vacances sur la Côte d'Azur. Il est plaisant de s'éloigner des sujets technologiques, de notre terrain d'expertise pour rester connecter à notre monde, nos voisins, notre nation. Diversifier nos savoirs.

C'est pourquoi, j'apprécie visiter différents quartiers Parisiens. Échanger mes perspectives, nos divergences avec différentes générations, débattre, rire, inspirer, actionner des initiatives, des partenariats.

J'étais attablé dans un restaurant italien cozy à lumière tamisée d'un centre commercial au nord de Paris et une dame blonde bien coquette tout en élégance, retirer son boléro révélant une chemise oversize blanche de la marque Vogue, la voir alors retrousser ses marches et dire : "Allez on va profiter".

Visiblement originaire du Midi, elle se laisse aller, porte son regard sur ma pizza tout juste apportée par le serveur, me demande si elle est bonne puis me souhaite une bonne dégustation. Puis retourne à sa discussion avec sa convive en se questionnant de qui s'occupera pendant son absence de ses bassins de poissons lors que mon prochain voyage. Je le dis assez souvent à mes proches, les tables dans les restaurants sont tellement proches que les discussions sont à portée, sans effort particulier :) Surtout si vous avez près de vous des personnes ouvertes au monde et tournées vers l'humain. Je pense que vous verrez vos échanges dans les cafés et restaurants autrement maintenant :-D !

Voir la danse des serveurs, s'entremêler dans les couloirs étroits du restaurant récupérant les boissons, virevoltant dans les allées pour éviter un impact avec un confrère, leur bouclier foncé à la main, ils avancent avec énergie pour distribuer des mets délicieux à leurs visiteurs. Ce qui me dit que nous ne sommes pas encore à la période des robots serveurs. Trop de dextérité nécessaire et rapidité. Encore une fois rassurant pour beaucoup.

Vous voyez ma position est tranchée. Selon les secteurs, les métiers, l'accélération de l'intelligence artificielle et des technologies de rupture diverge.

Alors que les capacités des techniques et des technologies progressent, je constate que se sont plutôt des facteurs humains qui peuvent ralentir l'accélération du déploiement des technologies de rupture.

Parfois une question de limitation psychique, d'autres fois générationnelle, de moyen financier pour accéder aux formations, aux grandes villes terreau des actualités et des innovations.

Chapitre 6

Notre nouvelle ère

’est en maitrisant l’art de son propre reflet, qu’on peut espérer esquisser le reflet des autres. Le collectif peut alors se dessiner. C’est l’une des réflexions philosophiques que je forge.

A l’heure où notre système d’éducation est menacé par les mastodontes comme les plateformes LinkedIn Learning, EdX, Coursera, Udemy, etc... et qui offrent la possibilité de suivre des cursus de n’importe où dans le monde et à des horaires flexibles, comment notre système va rivaliser ?

Je me questionne et par la même occasion partage ma réflexion, pensez-vous réellement qu’on pourra encore recruter les meilleurs dans les chemins "classiques" ? Pour citer un éminent professeur de la Harvard Business School à Boston aux Etats-Unis, Karim Lakhani "nous sommes menacés". Il a exposé le contexte des universités avec l'IA lors de l'introduction de sa conférence au D3 en mai 2024. Cette journée qui avait pour objectif de réunir les meilleurs : penseurs, chercheurs, professeurs, experts internationaux pour échanger et construire des éléments de réponses aux défis technologiques et leur mouvance de plus en plus rapide auxquels nous sommes confrontés.

Ma crainte se porte vers les personnes fragiles. Les personnalités qui ont besoin d'assistance, les personnes âgées, les adolescents, aussi celles de classes sociales défavorisées parfois éloignées de cette prise de conscience que leurs enfants pourront être moutonniers. Leur vie semblant être la vérité. L'esprit critique, la lecture de philosophes, les valeurs humaines, le partage et débat d'idées sur des sujets profonds pouvant être en décroissances ou inexistants.

Pluralité de la complexité

Problématiques multidimensionnelles. Enjeux scientifiques, économiques, géopolitiques, environnementaux, sociaux, éthiques, juridiques, spirituels , ... sont et vont être impactés. Plusieurs métiers devront être revus dont ceux du service, leur structure de travail devra être repensée. Bouleversée par les capacités de l'IA.

Vélocité raisonnée

En France, j'ai le regret de constater un temps de latence avant d'être positivement impacté par un mouvement débuté aux Etats-Unis ou venant de tout pays berceau des BigTech ou d'innovation de rupture. Malgré cette limite, il est utile de prendre connaissance de ces nouveaux modes d'apprentissage qui regorgent de forces époustouflantes. La première étape est la veille en se mettant rapidement à jour pour suivre ce qui se fait ailleurs. La seconde est à étudier comment nous Français, Européen pouvant agir ensemble. Non pas pour copier-coller ce qui se fait ailleurs mais plutôt comment nous pourrions innover, nous démarquer à l'échelle planétaire. Difficile de rivaliser avec les forces concurrentes. Elles sont intelligentes, riches, véloces, très bien déployées à travers le monde et semblent bien indépendantes. Mais alors comment rivaliser ? Pas si impossible. Il suffirait de trouver les réponses à quelques paramètres.

Ravie du discours de Karim Lakhani, ça rejoint mes pensées qu'il est venu le temps de changer notre système éducatif. L'économie de la connaissance du savoir ou encore le capitalisme cognitif.

C'est bien connu, la meilleure façon d'impulser un changement efficace est en son sein. A mon échelle, j'entreprends dans ce sens en analysant notre contexte, réfléchissant à comment nous pourrions faire mieux, comment impulser une meilleure nation à l'échelle nationale puis internationale, ... Le tableau n'est pas si sombre au contraire il s'éclaircit depuis plusieurs années.

Néanmoins au niveau de l'éducation nous avons une marge de progrès. Nos ministres successifs de l'éducation ont tenté plusieurs manoeuvres mais peinent à trouver la bonne, alignée aux ambitions globalisantes. Je pense particulièrement à la réforme qui a donné le choix de retirer les mathématiques du BAC pour les filières scientifiques. Je conçois ces essais d'amélioration mais voir encore des jeunes loin des connaissances fondamentales en technologie (cerner ce qu'est la Data, l'IA, la robotique, la blockchain, la cyberdéfense, le Web3, la cryptomonnaie, ...) me porte à croire que pour devenir un pays technologiquement souverain, nos stratégies manquent "parfois" de clairvoyance.

Nous constatons que les élèves perdent en temps de lecture, en culture et l'avènement des nouvelles technologies semble envenimer la situation. L'accessibilité d'applications telle que TikTok qui a pour vocation ultime d'abrutir ses utilisateurs dont nos adolescents, principale cible de ces grandes entités. A lire le livre d'Asma Mhalla qui expose les enjeux géopolitiques des BigTech et BigState et nos impacts. Ou encore à voir l'arrivée de l'IA générative utilisée pour faciliter nos vies, que certains ne prennent plus la peine de fournir l'effort de pensée pour construire son esprit critique ; ça en devient un sujet critique à prendre en compte au niveau gouvernemental. Car nous risquons que notre jeunesse soit trop aisément manipulable. Cette génération Z dont on parle tant, c'est-à-dire les jeunes nés entre les années 1995 et 2010. Ainsi que la dernière génération, Alpha, nés entre 2010 et 2024. S'ils venaient à s'engager un peu trop facilement dans ces voies technologiques sans prendre le recul ô combien fondamental, nous nous engageons dans un monde où la France n'aura plus sa place actuelle. Ces sujets n'étant pas l'objet de fond de ce livre, mes propositions stratégiques pour un meilleur positionnement de notre patrie à l'échelle mondiale feront peut-être l'objet d'un autre livre.

Systémique

Mais certains lecteurs se poseront la question : que diable cette tergiversation autour des technologies et les générations Z et Alpha ?

Un complexe de vision long-termiste, anticipative et systémique. Pour moi, ces jeunes représentent notre futur et les technologies faisant déjà parties de nos vies depuis plusieurs années et le seront de plus en plus. Nous devrions prendre acte de notre responsabilité de devoir préparer le terrain pour notre jeunesse. Nos actes d'aujourd'hui impacteront nos générations futures.

Extrapolons. Si notre mode d'éducation est en voie d'extinction ou à la dérive de nos ambitions, il va falloir revoir nos modes de recrutement dont nos critères. En incluant par exemple des certifications en plus des diplômes. Cela dans l'objectif de rattraper les manques ou d'ouvrir le champs des possibles en accueillant des nouvelles personnalités, locales, régionales, internationales, multiculturelles. De tout horizon. Aussi provenant de quartiers moins favorisés et pourtant si doués de capacités hors normes si on ouvre notre esprit à leurs différences.

Le diplôme a toujours été au centre dans les recrutements de cadres en France sauf rares cas. Si vous êtes en RH ou manager, l'avez probablement déjà constatés : certains collaborateurs sans diplôme ou avec un niveau d'étude moindre ont pu démontrer des capacités et compétences meilleures que leurs homologues plus diplômés. Intellectuellement, en performance et en engagement. Alors, pourquoi fermer les portes à des potentiels qui demandent à être révélés ? Pourquoi nous entêter à un élitisme de jadis ? Je ne dis pas de renier la culture Française, ô que non. Je propose ici de muter. Un peuple qui ne sait pas rebondir au bon moment est un peuple qui se rend vulnérable. Et c'est bien là l'un de mes combats. Nous avons une masse prête et motivée à avancer. Mais les messages politiques provenants de certaines personnalités manquent de clairvoyance face aux enjeux auxquels nous devons nous préparer et la lourdeur administrative n'arrange pas les choses.
Lorsque je compare la France à l'Estonie pour son efficacité administrative. Ou encore au Luxembourg qui a un système informationnel gouvernemental relié à toutes les grandes institutions nationales. En quelque clic, par votre simple matricule national, l'équivalent de notre numéro de sécurité social, les institutions Luxembourgeoise ont la capacité de voir de façon transversale vos informations au niveau

national. J'entends déjà quelques uns avancer que le territoire et les budgets ne sont pas les mêmes. Certes.

Nous aurons toujours des personnes voyant nos limites au lieu de notre potentiel. Commençons petit et avançons brique par brique.

Cette réflexion peut être débattue, améliorée, approfondie ; je le conçois. Par ces mots, j'espère humblement attiser la curiosité de quelques lecteurs à explorer de nouveaux territoires de pensées en mettant en oeuvre quelques pistes décrites et d'en proposer de nouvelles.

Nouveaux défis, nouveau collectif

À travers BAULD, ma société de conseil en data et IA spécialisée dans le redressement de projets data et l'accompagnement des entreprises dans leur stratégie numérique, j'ai à coeur d'être actrice de changements en faisant vivre une expérience collaborateur unique en France dont vous dévoile une infime partie.

L'expérience collaborateur débute dès le recrutement. C'est pourquoi j'ai supprimé les CVs de notre processus de recrutement.

Je m'offre aussi le luxe de nous affecter deux autres challenges :)
-   1h30 : c'est la durée maximale tout échange confondu avec le candidat sauf demande d'extension émanant du candidat

- 72h : c'est la durée maximale pour répondre à chaque candidat entre le dernier entretien et la communication de la décision

Et les entretiens seront spéciaux. Alléger ce processus tant redouté, inlassablement redondant et fastidieux pour beaucoup. Laissons place aux échanges avec nos potentiels futurs collaborateurs.

À la recherche des Avengers

Grâce à une société Parisienne qui m'avait contacté en avril 2024 pour une opportunité business pour laquelle j'étais invitée à passer un test de personnalité. Pas comme ceux que je connaissais. J'avais déjà passé les tests tels que MBDA, DISC et autres mais celui-ci est particulièrement intéressant par son efficacité. En moins de 5 minutes vous avez déjà une cartographie d'une personnalité. Mais la particularité est qu'il est dopée à l'IA. Souhaitant pousser l'outil dans ses retranchements, j'ai passé tous les tests de cette solution. Au bout d'environ 25 minutes au total, vous avez un tour d'horizon de la personnalité de votre collaborateur.

Finalité, il m'a catégorisé comme "A player". Vous savez ces employés que les entreprises s'arrachent et convoitent tant. Notamment pour leur esprit entrepreneurial, les capacités à résoudre les problèmes de tout bord, la maitrise des émotions, créatif, investi, esprit curieux, fédérateur, ... "Le" candidat idéal à avoir au sein de toute entreprise. A envoyer au front sur des sujets exigeants des compétences transverses. Une sorte de couteaux suisses aventurier à la Indiana Jones. Ou comme mes managers appréciaient me nommer "hybride". Ils me disaient "La force de ton profil est qu'on peut te positionner sur plusieurs sujets, c'est très intéressant.".

Je vous conte ce passage car par un simple test de personnalité vous pourriez détecter votre perle rare tant convoitée. Et qui vous aurait potentiellement échappée par une candidature "classique" à travers un CV et des entretiens durant lesquels l'humeur, le contexte professionnel, personnel influent sur la qualité de la prestation de votre candidat. Je vais dire les choses. C'est un exercice de séduction où les parties avancent chacune à sa manière, ses apports de valeurs. Donc que vous recherchiez un "A" player, un "centaure" comme dirait la philosophe Gabrielle Halpern, ou tout type de profil, cette solution de surcroît dopée à l'IA pourrait vous faire gagner du temps dans votre processus de recrutement et une marque employeur plus au goût du jour, plus tendance.

Ces modes, nouveaux outils renforcés par l'IA vous offrent une meilleure visibilité pour votre prise de décision quant à la pertinence du profil selon le poste et ses responsabilités cibles.

La théâtralité des entretiens de recrutement pourrait être plus conviviale et moins mécanique. Heureuse de constater que beaucoup en font l'effort par leur bienveillance et écoute attentive tout au long de l'expérience jusqu'à la signature du contrat.

Ère de l'Optimus

A l'heure où ces lignes sont écrites, mai 2024, Elon Musk visionnaire, fin provocateur géopolitique, qui fonda Tesla, racheta X (anciennement Twitter) et lança NeuraLink, sa startup préparant des implants neuronaux,... avec comme objectif de coupler l'Homme aux machines ; poursuit ses aventures vers l'atteinte de sa vision.

Un film qui illustre très bien l'ampleur de l'ère dans laquelle nous entrons est le film Clone avec Bruce Willis, sorti en 2009, où les gens peuvent acheter une version robotisé d'eux-mêmes. Doubles sans défauts, commandés à distance. D'après ce scénario bien mené, il semblerait que nous serions, à une temporalité inconnue, supplantés par un robot qui vivra à l'extérieur à notre place et avec notre apparence. Nous, tel un ours, nous hibernerons. Toute l'année. A la vue des humains dans ce film, leur déclin physique et social ; je vous avouerai je n'ai aucune hâte.

Le robot tel Optimus la machine en cours de développement par Elon Musk qui a pour objectif de se comporter et d'agir comme un être humain avec la capacité d'être connecté à notre cerveau. Là où aujourd'hui on se demande si notre travail est possible à réaliser à travers un Vision Pro de la marque Apple, je me pose déjà la question de notre avenir avec l'avènement de robot nous supplantant dans nos activités tel qu'imaginé et si bien illustré dans ce long métrage.

Le futur du travail

Comment maintenir un engagement de nos collaborateurs alors que les tâches s'automatisent, se virtualisent ? Avec par exemple le métavers qui nous emmène vers un monde virtuel et transpose notre monde dans un univers parallèle sous technologie de Web3. Où la modération n'est pas encore justement défini ni ses méthodes. Les gouvernements se questionnent de comment réguler cet espace qui semble si loin de nous et pourtant où des évènements toxiques peuvent nous attendre si facilement.

Comment la synergie Homme-Machine est censée fonctionner ? Qui portera la responsabilité d'une faute criminelle, civile, ... ? Le manager, le dirigeant, le fournisseur, le robot, le fabricant ou l'utilisateur ?

Comment accéder à ces informations utiles "facilement" avec les contraintes du RGPD ? Pensé pour les systèmes d'aujourd'hui mais qu'en sera t-il pour les systèmes de demain ? Où la célérité sera cruciale dans des moments d'urgence.

Naviguer entre réalité et mode virtuel tout en allant chercher ses enfants à l'école, ou encore voyager, au volant en voiture, à vélo dans la pénombre,... Quelle sera la limite ? Quels seront nos nouveaux usages ? Aurons-nous encore une vie "sociale" ? A voir certains parents obnubiler par les réseaux sociaux comme TikTok à vouloir intempestivement publier leur réalisation, rencontre, découverte d'un nouvel aliment, voisin, l'étiquette d'une bouteille qui a changé de couleur ou encore un nouveau maquillage, ... que deviendront leurs enfants ?

Pour ceux pour qui c'est leur travail, s'ils ont la capacité de s'organiser pour bien délimiter leur temps de travail et leur temps en famille, chapeau bas. C'est plutôt pour les autres que j'ai quelques pensées. Vous devez sûrement vous demander le lien avec la thématique de ce livre. Elle est directe.

Ces parents Digital Addict peuvent appartenir à vos équipes, ces enfants seront probablement vos futurs stagiaires. Et ces nouveaux modes de vie influencent la façon de les engager.

En effet, le cognitif étant habitué à la rapidité d'une idée de sujet à poster, à partager puis à passer sur une autre thématique crée un sentiment de lassitude et d'ennui profond lorsqu'ils doivent passer vers une tâche exigeant plus de concentration et d'intellect. Ça devient donc un réel défi. La culture de l'immédiateté que nous avons abordé au chapitre des blocages.

ChatGPT par une utilisation excessive, dépendante pourrait altérer de nos circuits cognitifs.
Lorsque je découvre par des projets de transhumanismes et autres que l'objectif ultime visé est d'annihiler notre cognitif, je clame mon désarroi. Des programmes de manipulation de nos cerveaux qui paraissent de loin plus loufoques les uns que les

autres mais qui se concrétisent dans l'ombre, en silence.

Je pense particulièrement à NeuraLink. Dans ce type de projet qui polarisent un peuple par leur décadence, il y a toujours les "pro" et "anti". Rarement un juste milieu. Et pour cause, l'objectif étant de répondre à un désir de manipulation de la masse. A l'échelle mondiale.

Je n'en ferai pas une tribune. Néanmoins, il me tenait à coeur de partager mon opinion "à ce jour" car loin d'être psycho-rigide, elle pourra être amenée à évoluer... Soyons juste éveillés à maitriser nos usages pour éviter de tomber dans toute addiction.–entre prise de conscience et évitement d'un état d'ignorance.

L'accaparation de nos êtres comme des poissons est déjà en route. Tel un sportif féru de musculation recherchera quelle sera la meilleure machine pour renforcer tel ou tel muscle, ou encore un tennisman quel basket choisir qui soit plus agrippante sur un court de tennis ou encore le choix judicieux d'une selle en cuir rembourée de mousse pour galoper avec plus de confort dans les bois,...

Je suis convaincue qu'une majorité de personne a la faculté de choisir les applications les plus profitables pour son esprit.
Mais des études démontrent que nos capacités tendent à se détériorer au fur et à mesure des évolutions technologiques. Celles-ci facilitant nos vies

en nous remplaçant dans l'exécution de tâches de plus en plus diverses.

Je me questionne sur notre "véritable" pouvoir à choisir nos usages dans un avenir proche. Du moins la temporalité de son existence. Je suppose que lorsque vous souhaitez faire un virement bancaire, vous n'êtes pas de ceux qui se rendent à une agence de votre établissement bancaire afin de l'exécuter ? Ou encore déclarer vos impôts sur le revenu ou de société en agence du trésor public, vous vous rendez sur les sites internets ou applications en relation précise avec la transaction cible. Ça c'est aujourd'hui. Malgré qu'ils se restreignent, nous avons encore un pouvoir sur le "comment" nous exécutons ces transactions. Digitalement ou physiquement. Donc le canal est encore entre nos mains. Maintenant, imaginons un instant notre demain.

A l'ère du virtuel, des casques de réalité virtuelle, de réalité augmentée et des lunettes affichant notre itinéraire supplantant Google Maps ou l'application de traffic Waze sur notre téléphone. Maintenant juste devant nous. A tout instant, à portée de nez. Bientôt à travers des lentilles. A portée d'oeil. Quelle symétrie vous direz :)

Et c'est là où nous venons réaliser l'envahisseur. Notre dépendance technologique. Pas convaincu ? Voici le tableau que je dresse de notre futur.

Le monde virtuel ayant gagné du terrain par la progression fulgurante de l'IA, de la fabrication de puces électroniques en Europe et ailleurs aux quatre coins du monde, renforcés par le quantique qui permet une puissance de calcul encore jamais égalée.

Nous pouvons maintenant explorer les abysses des océans inaccessibles à l'époque, aller explorer l'espace et y séjourner quelques jours, revenir sur Terre.

Notre nouvelle ère

Imaginez. Nous sommes en voyage dans l'espace près de Mars mais une réunion devant se tenir physiquement à San Francisco, nous décidons de revenir sur Terre. Une Tesla vous accueille, sans conducteur. Pourquoi faire un chauffeur ? Elle est autonome et peut même voler pour emprunter des couloirs aériens pour éviter le traffic au sol. Comme le soleil est bien tapant et que votre réunion étant dans à peine une heure vous souhaitez vous rafraîchir tout en vous tonifiant l'esprit. Vous demandez alors à l'agent intelligent du véhicule Tesla "Dis X-car, fais un arrêt au Starbucks le plus proche et prends moi un Frappuccino Caramel avec un supplément de shot de café". L'agent s'exécute et vous voilà à un Starbucks se trouvant... dans les airs.

Nul besoin à la voiture de descendre au sol. C'est alors qu'un agent Starbucks intelligent qui détecte le véhicule. Aucune fenêtre ne descends. Nul besoin encore une fois. Le dialogue s'opère entre deux entités intelligentes. La commande était passée au moment de votre demande. Arrivé à la chaîne de café, vous patientez juste que votre voiture arrive au niveau du retrait de commande. Et voici que votre Frappuccino bien frais et surdosé en caféiné est avancé à votre fenêtre qui est descendu automatiquement par l'agent X-car.

Trop beau pour être vrai, votre boisson présente une erreur : il manque le sirop de caramel au-dessus de la crème Chantilly. A peine averti l'agent X-car, un opérateur humain du moins d'apparence vous apparait sur l'écran central de votre voiture et vous accueille aimablement et vous propose de rectifier tout de suite cet écart. Rectifié avec un ajout automatique de crédit de dédommagement sur votre compte de fidélité. Forcément, votre identité est connectée à la voiture autonome qui a communiqué votre identité au café. Incident diplomatique évité, vous reprenez la route vers votre réunion.

Mais voilà que cet incident a provoqué une tâche sur votre tenue. Même pas le temps pour vous de vous en rendre compte, une imprimante 3D a dessiné et sur mesure votre robe et vous a été livrée à l'adresse de votre choix.

Prenez un instant. Re-parcourez cette expérience avec votre esprit. Levez la tête et tentez de vous imaginez cette scène. Allez-y.

Maintenant, je vais pousser l'imaginaire encore plus loin.
Je vois cette même scène mais sans aucune intervention vocale de notre part. Une puce

NeuraLink ou autre société implantant des puces cognitives dans notre cerveau a permis d'en déduire que nous revenions de l'espace et que nous allions avoir besoin d'un moyen de transport. La commande a été effectuée automatiquement. Votre compte bancaire étant lié à votre identité. Durant votre trajet, la voiture s'est dirigée toute seule vers un Starbucks. Le système de la voiture ayant lu dans vos pensées vos désirs. Même chose pour la légère erreur avec le caramel. Évènement rattrapé à quelques secondes d'intervalle entre le moment où vous avez saisi votre boisson et la découverte ô combien "émotionnelle" de votre insatisfaction que le système de la voiture "patiente" avant de reprendre le chemin sachant qu'il y a un autre processus en cours de résolution. Le système du café ayant actionné le processus de rectification pour votre boisson.

Imaginez.

Prenez le temps encore une fois. Et poussez la réflexion de comment vous sentiriez vous ? Vos pensées les plus profondes accessibles par des systèmes et donc à des personnes dont on ne sait où localisées dans le monde qui vous connaissent plus que vous ne vous cernez vous même.

Car ils ont même la profondeur de vous voir et suivre vos comportements, émotions et ré-imager vos rêves pendant votre sommeil. Octroyer aux cybercriminels, le pouvoir de pirater votre cognitif. J'imagine que ça ira dans les deux sens. La capacité de lecture de nos cerveaux tout en pouvant émettre des informations, sans qu'on s'en aperçoive. On pourra alors nous guider à notre insu ?

Voilà comment je vois notre monde dans quelques années. Et je ne vous ai livré qu'un aperçu de mon imagination. Avec plaisir pour échanger nos perspectives et décupler notre imaginaire ensemble.

Après avoir approfondi des potentielles évolutions de nos modes de vie et interactions sociales que vous aurez remarqué dans cette expérience étaient inexistantes.

Et je reviens donc à ma pensée initiale qui était que nous avons le pouvoir de ne pas laisser les avancées technologiques nous abrutir en gardant le pouvoir sur le choix de nos usages.

Avec l'idée que je fais de notre avenir, mon opinion est tout de suite fragilisée. Tout simplement, ça va être un combat de garder cette liberté de choix. Pour laquelle, je pense que la plupart de nos jours ne réalise pas détenir.

On dit souvent que c'est lorsqu'on perd une chose acquise qu'on se rend compte de sa valeur. Pour moi, cette liberté est menacée.

A titre d'exemple, il y a quelques jours, je me suis intéressée à une certification pour une technologie informatique orientée sur la gestion des données couplée à des logiciels IA et je découvre lors du processus d'inscription, que pour me connecter et demander à passer le test en ligne ce que la majorité propose de nos jours, ce site exigeait la photo de la paume de ma main. Plus détaillé ? Me demandait de prendre en photo et stocker la paume de mes mains où mes veines seront bien visibles.

Nouvelle façon d'agrandir le spectre de l'individualisation de notre identité propre. Ce que j'ai refusé et donc annulé mes projets pour cette certification à distance ayant la possibilité de la passer dans un local à Paris.

Mais je vous pose la question, qu'en sera t-il demain lorsque les locaux ne seront plus au goût du jour dans nos modes de vie et que certains travailleurs auront "besoin" de cette certification. Leur taux d'employabilité étant critique seront forcés de partager leur intimité pour pouvoir se certifier et donc travailler ? Beaucoup de question avec pléthores de suppositions mais sans réponse juste... Mes pensées vont encore une fois pour les générations futures. Plus impactées que nous. J'espère de tout coeur que leur esprit critique persistera pour maintenir un cap d'individualité. Sans menacer leur cheminement de vie. Cette vulnérabilité si forte qui se profile.

À l'heure où tout se digitalisent, où nos usages se facilitent, l'information se mêle à la désinformation, le goût de la recherche à l'approfondissement véridique se perd à force d'une habitude du mouvement du doigt si simple de "scroller" ceci pour accéder à l'information suivante dans le fil, ... Ceci mit dans le mouvement rapide, inlassablement plus véloce, news après news à coup de nouvelle technologie, nouvelle solution, nouveau produit, nouvelle version d'OpenAI, de telle BigTech s'alliant à telle autre BigTech pour consolider leur force à inventer nos prochains usages, les Etats-Unis étant en avance internationalement suivie de près par la Chine et les Coréens, la France par son histoire, sa culture et ses dépendances politique, économique, ... et technologique à ses états se positionnent loin dans le classement.

Notre objectif va être de remonter dans le classement pour nous positionner parmi les meilleurs leaders. Et notre président de la République actuel, Emmanuel Macron oeuvre avec ses équipes pour concrétiser cette ambition.

Les dispositifs tels que FrenchTech, le sommet ChooseFrance qui a regroupé en mai 2024 au Château de Versailles les plus grands patrons du monde entier. Avec comme vocation de les séduire pour qu'ils choisissent la France comme terrain de développement de leurs solutions. Et ça a fonctionné cette année avec plusieurs milliards investis et des marques comme McCain, IBM, Microsoft et des personnalités comme Xavier Niel étaient présents.

Polarisation et jeu d'équilibriste

Nous pouvons être maître de nous même en contrôlant nos usages et décider de comment remplir nos journées. Nos vies.

Néanmoins, si l'avenir finit par devenir ce que je décris dans ma science fiction partagée plus tôt. J'imagine trois clans se former.

Les premiers, les pro-technologies.

Le clan Elon Musk en quelque sorte. Ils seront les plus puissants et intelligents. Renforcés par une intelligence artificielle, couplés à des robots et étant eux-mêmes à l'origine de ces révolutions, ils rechercheront à dominer le monde.

Les seconds, les anti-technologies. Ils ont en horreur ces machines qui viennent détruire nos modes de pensées, accaparent nos vies pour les déshumaniser en nous éloignant de vie sociale réelle. Ils seront tels des hippies et pour la majorité d'entre-eux, vivront éloignés des grandes villes. Ceci pour ne pas subir la pression de la société de consommation et de la présence technologique à chaque coin de rue. Tout un écosystème à eux. L'agriculture et leurs commerces sont locaux, leurs partis politiques sont des écologistes et idéalistes, leurs écoles enseignent à "l'ancienne", sans ou avec d'ancien ordinateur. Parmi leurs usages, seulement des voitures électriques autonomes ou thermiques pourraient être tolérées. A condition qu'ils puissent en garder le contrôle.

Les derniers, les équilibristes. Comme dans toute chose dans la vie, les extrêmes sont délétères. Eux auront tout compris. Ils seront agiles, intelligents, autonomes juste le nécessaire. Sauront manier le système en place pour se faufiler dans les mailles du filet et éviter d'être "pucés" tout en ayant les capacités d'user des technologies pour mener une vie confortable.

Revenu universel - RU

Imaginons un instant que la majorité du peuple mondial n'aurait plus besoin de travailler et qu'il percevrait un revenu universel. Je me pose la question que deviendraient les sociétés qui tirent les ficelles de ces technologies de rupture ? Si chaque société automatise ces processus de bout en bout, que les employés sont que des machines, les services produits seront pour qui ? Soit les ultra-riches soit les personnes censées recevoir un RU seront employées à de nouveaux métiers.

Prenons l'exemple d'un paquet de céréales Miel Pops. Ces petites billes sucrées bien dorées et croustillantes. Si on prends l'hypothèse que le blé et toutes les matières premières ont été produites par des machines, donc collectées par une machine, transportées par une machine jusqu'à l'usine de fabrication, l'usine fabrique grâce à des machines intelligentes et elles-mêmes emballent. Le processus tellement bien automatisé, que nous pourrions l'envisager en flux tendu. Nul besoin de passer par une boutique ou supermarché, le produit serait directement livré au client final. Seulement des entrepôts de proximité, eux aussi automatisés et autonomes, pourraient être créés pour optimiser les coûts logistiques. Donc nous voilà à la dernière étape du processus : le client qui reçoit par un robot son paquet de Miel Pops.

La question : toutes les personnes travaillant dans ce processus que deviennent-elles ? Quels emplois ? À entretenir ces machines automatisées et autonomes ? Tombant rarement en panne, il n'y aura pas autant de travailleurs qu'avant. Donc des nouveaux emplois devront être créés. Pour de nouveaux usages. Les progrès ont parfois des limites.

Un autre exemple. Imaginons, Tesla avec des voitures électriques autonomes et partageables entre les utilisateurs. La propriété reviendra au fabricant potentiellement. Ces voitures en cas de panne devront être maintenues. Les robots intelligents bien avancés pourront alors s'en charger. Notre utilité deviendra nulle ?

Métavers

Du moins, dans ce monde réel. Un monde parallèle attirera les personnes se retrouvant dans un vide. C'est là que le Métavers prendra tout son sens. Les personnes auront tous le champs des possibles pour construire la vie dont ils ont toujours rêvé. La société de consommation et le fast que certains connaissent seront alors transposés dans cette dimension parallèle. Le revenu universel sera alors un salaire à dépenser dans ce monde. Deux vies qui se chevauchent. A en perdre nos repères. A force de connexions virtuelles, ne distinguant plus le vrai du faux. Ne reconnaissant plus nos interlocuteurs si nous venions à les croiser dans la rue. L'apparence de leur avatar virtuel étant libre de choix.

Débats

Pour nous préparer à notre avenir, il est crucial d'inclure toutes les générations dans un projet de sensibilisation et de montée en compétences. Je ne précise pas l'IA car selon moi il y a plus que l'intelligence artificielle. La panoplie des technologies de rupture est variée et ça serait une erreur de procéder par technologie isolée.

J'ai parcouru le livre publié par le conseil au numérique Français en mai 2024. Travaux titanesques avec les enquêtes, puis les propositions de plan d'action. Il y a de bonnes idées dont celle du café de l'IA. Mais je reste sur ma faim. Sur les 25 propositions, il me manque quelque chose. Une idée qui va propulser la France à un autre niveau.

J'ai alors visité le site internet du CNum et j'y ai lu que le café se nomme "IA" mais qu'il a pour vocation d'inclure d'une manière plus générale d'autres technologies. Pourquoi ne pas nommer dès les prémisses de cette initiative avec un nom plus accrocheur, qui donne plus envie ? Et surtout plus large que juste le domaine d'application "IA" ?

Pour éviter d'avoir une fracture entre les différentes classes sociales, il faut sans délai démocratiser les technologies de manière générale et non uniquement l'IA. Aussi, il est primordial d'initier des sessions de partage et de formation. On y reviendra au prochain chapitre.

Les profils entrepreneurs dans l'écosystème de réflexion et de ceux qui façonnent l'avenir des technologies sont très connaisseurs et souvent passionnés dans leur domaine. Et plus nous sommes imbibés par le monde de la Tech et plus nous éprouvons quelques difficultés à entrevoir la vie au delà de cette bulle. Trop lancés dans l'imaginaire de ce que la Tech tend, évolue. Lorsque nous échangeons avec des disciplines différentes nous revenons en quelques sortes terre à terre. À la réalité du terrain.

Pensons notre avenir et pansons nos failles. Travaillons sur nos forces.

Accessoirement, nous sommes le lieu prééminent des siècles des Lumières. Embellie par la pluralité des origines de son peuple. A chaque politique ses forces et ses faiblesses. L'immigration est pour moi une force amenant des modes de pensées et des savoirs faire diverses. Plus larges. Plus vastes. Plus riches. Enrichissant le débat et les économies.

Après vous avoir exposé mes réflexions, mes recherches et visions, je me dis au plus profond de moi que l'avenir s'annonce radieux. Peu importe l'avancée technologique. Car je crois en notre solidarité et en notre humanité comblée de valeurs humaines qui nous guident et nous confèrent une force mentale.

Chapitre 7

Notre préparation

Insuffler les connaissances au plus tôt, au plus près, au mieux. Cette technologie révolutionne d'une manière nouvelle. Ce ne sont plus que les tâches à faible valeur ajoutée qui vont être impactées mais également celles à forte valeur ajoutée. Les responsabilités qui exigeaient des années d'études, d'apprentissage, d'expériences se trouvent menacées par cette intelligence de nouveau genre. Elle accède, collecte, englobe, structure, analyse et restitue les données comme jamais vu auparavant. Certes aujourd'hui, ces systèmes n'ont la capacité d'exécuter qu'une seule tâche à la fois.

Cela semble n'être qu'une question de temps avant que les verticales s'horizontalisent. Pour former des fonctions monolithiques. Le facteur qui permettra ou freinera cette progression, nous : l'humain.

Pour se préparer à ces changements déjà bien amorcés, l'innovation, la recherche, la création sont quelques concepts qui devraient être irriguées dès le plus jeune âge. De l'école maternelle jusqu'à l'enseignement supérieur. Pour les plus jeunes, je vois les concepts fondamentaux de la réflexion, du raisonnement, de la contextualisation des modes de pensées, donc plus du psychisme. Le contact aux appareils est pour moi à privilégier pour des activités et à des heures bien précises. Bien pensées pour ne pas impacter leur développement hors digital. Un cadre venant poser les limites de leurs usages au sein des établissements.

J'imagine une nation au fait de l'actualité des nouvelles technologies, consciente de leur portée, connaissant au plus possible le b.a-ba de leurs usages ainsi que de leurs risques et sachant exactement quels référents contacter si besoin. À chaque grand défi, un plan stratégique robuste est nécessaire. Le plan d'action à adapter avec agilité.

Dans ce chapitre, j'aimerais humblement exposer quelques thématiques que j'imagine pour avancer en tant qu'humain pour que ces nouveautés nous servent au lieu que nous y soyons asservis. Au plaisir d'approfondir et débattre sur les propositions présentées. De voir aussi comment les concrétiser.

Équilibre

Les états et les sociétés qui utilisent les nouvelles technologies gagnent en compétitivité nationalement et internationalement. Ceux qui n'utiliseront toujours pas les systèmes IA d'ici la fin de l'année, vont se retrouver dans un statut de dépendance envers les autres pays du monde et auront du mal à survivre. Je propose de déculpabiliser les personnes qui n'y sont pas encore mises et de démarrer la découverte de ces technologies. L'idée serait que tout le monde sache ce que sait. Comprendre l'identité de l'intelligence artificielle. Pas forcément l'utilisation quotidiennement mais être au fait. Faire entrer dans la connaissance nos citoyens.

Il n'y a pas qu'une vérité et je n'ai nullement la prétention d'avancer que les solutions citées dans ce livre seraient "les" solutions de notre humanité à l'ère technologique.

Néanmoins, je crois fort qu'elles pourraient si bien cernées et menées, impulser une progression notable sur plusieurs dimensions. Etant contre les extrêmes, je prône un juste équilibre à rechercher pour chaque nation Européenne, contexte politique, économique, environnemental, culturel, intergénérationnel, ...

En bonne intelligence.
En rassemblant.
En harmonisant.

Le juste équilibre à trouver pour réussir à atteindre une souveraineté numérique tout en liant des synergies avec les BigTech et les nations alliées. Sans devenir dépendant où la manoeuvre d'une marche arrière serait enrayée.

Politique

Là où notre notation économique à légèrement baissé à AA- il y a quelques semaines par Fitch Ratings, les plans fantaisistes ne sont pas au goût du jour. C'est l'un des points clés de cette année.

Les élections du 9 juin 2024 vont être cruciales pour l'avenir de la France. Nous sommes à un tournant pour notre nation. Certains partis recherche notre division par à coups d'arguments fardés de sécurité et financier. Je souhaite que le peuple ne soit pas naïf de mots mais plutôt doté d'une bonne mémoire des évènements passés par l'histoire de ces partis. Et éveillé en tentant de se projeter en envisageant ce que la France deviendrait avec ces personnes au pouvoir. Ces personnes qui seront censées nous représenter dans le monde. Auprès de pays Européen mais aussi les États-Unis, la Chine, la Russie, l'Algérie, la Tunisie, le Maroc, les Émirats, la Turquie, le Brésil, ...

Ensemble nous pourrons alors avancer, se protéger, célébrer sereinement et profiter du grand moment de cette année : les JO 2024. Nous serons sous les feux des projecteurs dans le monde entier. Souhaitant de tout coeur que les votes des Français représentent nos valeurs communes de liberté, égalité et fraternité tolérant la diversité et l'apport enrichissant de chaque humain.

Prendre l'angle de l'IA sans prendre en considération la dimension politique serait une erreur. Car comme Ophélie Coelho et Asma Mhalla l'exposent très bien dans leur livre respectif, les sujets numériques sont des enjeux géopolitiques. Il est primordial donc de judicieusement choisir le parti qui pourra conserver la position de la France et poursuivre sa surélévation jusqu'aux sommets des leaders mondiaux.

Gouvernance

J'aimerais tellement être imbibée pendant quelques semaines au sein des ministères pour comprendre certaines inerties. Comprendre les sources de certains services dignes des 12 travaux d'Asterix. Qu'est ce qui fait que malgré une ambition affichée et assumée par notre président de la République Emmanuel Macron, les choses n'avancent pas aussi vite qu'on le voudrait sur le terrain ?

Pour gérer ces enjeux internationaux et multidimensionnels, un ministère dédié serait nécessaire. Au lieu de le nommer "Ministère du numérique" car ça serait trop réducteur vu les champs d'action des technologies de rupture. Un ministère qui aurait la capacité et les compétences de gouverner les sujets de la data, l'IA, la cyber, le quantique, d'innovation, spatial, de façon transverse avec les enjeux des autres ministères par l'apport des innovations. Indépendant dans sa gouvernance.

Je verrai un nom comme "Ministère technologie et innovation" avec un pouvoir de décision transverse, interministériel. Si je me laisse vous proposer un nom inspirant ça serait "Ministère du futur" ! Mais pauvre ministre :) qui sera aux manettes !

La gouvernance des sujets plus complexes les uns que les autres, seraient aller initier par ce ministère. Le président de la République aurait alors qu'une seule équipe représentant ici en France et ailleurs. Car de ma fenêtre, je ne comprends pas exactement qui fait quoi dans le "Ministère de l'économie des finances et de la souveraineté industrielle et numérique".

Des projets d'excellence sont menés au sein de nos plus belles sociétés comme LVMH, L'Oréal, Michelin, Airbus, EDF, ... les licornes comme Mistral AI ainsi que les startups comme Lipitt.

Mais alors quel ministère gouverne ces innovations ? Pour un meilleur dialogue entre le privé et le public ?

Investissement étatique

Les fonds investis se renforcent. A la suite du programme France Relance annoncé en 2020 et augmenté à plusieurs reprises pour accélérer l'innovation dont le sommet Choose France qui a eu lieu en mai 2024 et où les investisseurs ont investi en masse. À tout enjeu exceptionnel, mesure exceptionnelle. France 2030 est un des programmes doté de 50 Mds € et initié par notre président de la République actuel Emmnanuel Macron.

D'après plusieurs articles américains, sans surprise, les investissements privés ont augmenté de plusieurs milliards de dollars pour les infrastructures IA et la recherche avec un facteur supérieur à 10 entre 2022 et 2023. Ce qui m'a surprise de prime abord, c'est le recul des investissements dans la cyberdéfense et la protection des données. Au vu des risques pesants sur les systèmes IA avec les cybercriminalités, il semblerait que le temps soit au développement IA pour protéger ensuite. Mais en recherchant un peu plus, il s'avère que les calculs quantique pourraient changer la donne pour la cyberdéfense. Donc il apparait qu'une bascule ait été opérée entre les investissements privés de la dominante cyberdéfense vers celle des systèmes de calculs quantique. Il serait intéressant de vérifier mon hypothèse directement auprès des fonds d'investissements. À suivre.

Ce qui semble nous manquer en France se sont les investissements plus risqués pour investir dans des projets en phase d'idéation. Ce que font les États-Unis avec des fonds essentiellement privés. La France pourrait être précurseur en Europe en créant un fond dédié aux idées non encore amorcées, pour les prendre du berceau et les propulser au rang international. Des idées d'innovation de rupture ou vues nulle part ailleurs pourraient alors se développer.

Harmoniser les investissements publiques et privés

Les investissements privés doivent plus s'engager dans le numérique et plus exactement dans les innovations de rupture comme l'IA, le quantique, les data centers, l'électrique, les puces électroniques,... Améliorer et faciliter le débat entre les entités privées et publiques pour créer plus facilement des synergies. Des investissement s'opèrent de part et d'autre alors qu'ensemble un meilleur ROI pourrait en être dégagé.

Une souveraineté numérique Européenne pourrait alors peut-être voir le jour.

Identité

A voir la mouvance technologique, économique, géopolitique, notre positionnement sur le marché global, les réformes pour la retraite, nos efforts pour rejoindre les leaders, rapprochés aux campagnes électorales récentes, je me demande quelle est notre identité ?

En reformulant autrement : comment définir notre identité avec harmonie ?

La connaissance de notre identité est fondamentale pour avancer à l'unisson. À prendre du recul, vous remarquerez que les plus top 5 leaders économiques au monde, leur identité est limpide. Les derniers évènements en France me font penser que nous manquons d'harmonie dans notre identité.

On éprouvera des difficultés à faire face aux problématiques complexes comme économiques, de souverainetés, de régulations, sociales, technologiques, ... sans une majorité, visible et harmonisée, tenant les rangs.

Données et synthétiques

Les données étant l'essence des systèmes IA, leur rôle central n'est plus à démontrer. Sans donnée, pas d'IA. Malgré la quantité astronomique de données auxquelles accèdent les systèmes IA, les experts internationaux estiment que les systèmes vont manquer en données réelles d'ici la fin de cette année. C'est à dire les données que vous, moi, nous, tous autour du globe générons par nos usages.

Les algorithmes d'apprentissage font apparaitre que les données ne vont bientôt plus suffire. Pour anticiper ce manque, des simulations et algorithmes interviennent pour générer des données synthétiques (ou artificielles) à partir de données réelles.

Donc pour formuler autrement. A partir de données que nous générons, des systèmes créent de nouvelles données pour permettre à des systèmes intelligents de progresser dans leur apprentissage. Et éviter tout ralentissement dans ce processus d'apprentissage.

Ce procédé existe déjà avec la BI (Business Intelligence). Nous procédons à la création de jeux de données *factices* à partir des données de réelles pour pouvoir développer, tester et affiner nos implémentations. Les raisons sont simples. N'ayant pas toujours accès aux données des systèmes de production chez nos clients pour différentes raisons ; données sensibles et confidentielles comme pour les banques, ou encore médicales, je créai des données à partir d'une structure de données connue. Aussi par gain de temps. Les procédures d'accès aux données pouvaient prendre plusieurs jours, ce procédé accélérait les choses !

Les développements se réalisaient. Les projets progressaient. Mais la limite de cette solution est que lors du passage en test des développements, les flux d'exécution pouvaient échouer. Les données créées n'étant pas les données réelles, les développements ne prenaient pas en compte certaines subtilités. À force d'expérience, j'ai fini par développer une méthode efficace pour contrer cette problématique :)

Donc forcément, aujourd'hui les experts IA autour du monde utilisant des données synthétiques se retrouvent heurter à cette même problématique. À une autre échelle.

Et ce qui me plait au niveau IA est que le manque de qualité de donnée, ces sortes de parasites dans les données brutes sont absentes des données synthétiques. Ce qui rend les données brutes riches pour les systèmes intelligents car peuvent plus apprendre de ces inconsistances. Donc les données synthétiques peuvent affaiblir la robustesse des apprentissages.

L'un de mes combats depuis plusieurs années est de sensibiliser sur l'importance d'une qualité des données suffisante. Mais si nous souhaitons atteindre le niveau d'un *vrai* système IA autonome et automatique ; les données non qualitatives deviennent *wanted* (recherchées) !

L'économie de la connaissance

Infuser une uniformisation de l'éducation aux nouvelles technologies, d'une discipline à la création, à l'expression et une tolérance à l'erreur. Une individualisation uniquement sur certaines disciplines. Un équilibre entre l'acquisition et la contribution. C'est à dire un socle de connaissances "acquérir" et un autre socle de capacités en "contribuant".

Veiller à ce que les jeunes filles et femmes soient accompagnées vers des métiers qui peuvent être ou paraître encore trop masculinisés.

Une nation éduquée et prête, sachant et faisant est une nation puissante. Il me semble que les dimensions "savoir faire" et les infrastructures sont encore faibles pour atteindre les sommets mondiaux.

Une civilisation qui dépasse les autres est celle qui a un peuple qui a un temps d'avance. Former donc les jeunes aux nouvelles technologies. Les rapprocher des enjeux géopolitiques, leur permettre de s'engager à travers des entreprises, associations, mouvements. Plus simplement.

Encourager les plus jeunes à entreprendre. Leur faciliter l'ouverture d'entreprise avant leur 16 ans, âge minimal aujourd'hui en France.

Dans les établissements scolaires, les accompagner à l'entrepreneuriat.

Contrat de mission

La flexibilité amenée par ces nouveautés demandent à repenser les modes du travail. J'émets des réflexions sur ces changements depuis 2021. En France, le processus d'embauche et surtout de rupture de contrat est un processus lourd et protégeant les salariés. Ce qui peut glacer certains entrepreneurs évitant de prendre le risque d'embaucher. La période d'essai étant trop courte, le contrat à rédiger lourd, le choix du type de contrat CDD, CDI, intérim, alternance,...

En tant que cheffe d'entreprise dans le conseil en informatique, j'ai des besoins de recrutement qui peuvent exigés une flexibilité. Un profil pour une semaine, un autre plutôt 6 mois, un autre pour 1 jour. Surtout étant spécialisés dans le redressement de projet data, nous agissons dans un temps court pour être efficaces. Selon les besoins d'une mission la temporalité du contrat peut donc être différente.

Aussi pour diminuer le taux de chômage, j'imagine une plateforme où la sélection des profils est facilité, la signature du contrat simplifiée et sa rupture allégée.

Ça peut sembler précaire dit comme cela mais imaginez si plusieurs sociétés procèdent de cette manière. On se retrouverait à gérer la planification de ressources en missions courtes. Le réseau est alors le plus important dans ce cas de figure permettant aux personnes de rebondir sur de nouvelles missions. C'est comme un changement de missions d'un consultant entre différents clients d'une ESN mais là plutôt un changement d'ESN ou de clients finaux pour une même personne. Une sorte de freelance mais avec un contrat plus sécurisant avec les avantages d'un salarié : sécurité sociale, chômage, mutuelle,...

Nouvel agent

Vous comprendrez que si aujourd'hui vous travaillez dans un bureau, votre espace d'interaction est limité à vos connaissances, et si vous êtes sociable potentiellement ce périmètre s'étendra aux personnes que vous croiserez pendant la journée.

Imaginez maintenant l'arrivée d'un nouveau collègue nommé "Agent RH Philippe" chargé d'accueillir les nouveaux arrivants dans la société dès leur passage de porte. Pouvant les détecter à leur arrivée par des caméras, il peut décider de s'afficher sur un écran télévisé situé dans le hall d'accueil et souhaité la bienvenue aux nouveaux collaborateurs, puis les suivre dans les ascenseurs, puis grâce à de nouveaux types d'écran sur le sol il affiche des directions et son visage les guider jusqu'à la salle de réunion prévue à cet effet.

L'expérience employeur sera alors revisitée. Améliorée. Exceptionnelle pour les sociétés s'y prenant bien. Ce collègue diffère à bien des égards de vos collègues actuels. Car tout ce qu'il entend en apprend et pourra le rediffuser plus tard. Imaginez encore être à la machine à café et parler d'un sujet épineux... devant une machine à café automatisée avec de l'IA. Que pourrait devenir vos échanges ? Machine qui pourrait être connectée au système informatique de votre société pour programmer un rechargement automatique en café. Vos échanges donc disponibles dans un système à la portée potentiellement de tous.

Et nous ne ferons plus le poids face à ces avancées technologiques avec nos métiers tels qu'ils sont définis aujourd'hui. C'est un système entier à repenser pour créer notre nouveau monde.

J'y vois beaucoup de positif car nous allons enfin pouvoir vivre selon nos aspirations. Nos ambitions de vie. C'est comme ça que je l'envisage. A l'ère où beaucoup d'objets se technologisent, le collectif est la clé.

Se rallier à un esprit collectif pour avancer ensemble dans ce nouveau monde qui parait lointain pour certains et que je vois si proche. Avançant par phase.

Agilité

Les nouveaux usages se développant très rapidement et avançant à pas de géant, j'imagine la gouvernance de façon cyclique. Suivant alors la rapidité d'avancement, en ayant la capacité de vite pivoter si nécessaire et d'apporter de nouveaux angles à tout moment. Tout en ayant une force de frappe nationale pour déployer rapidement ces changements. La France et l'Europe pouvant alors se positionner parmi les leaders mondiaux. Ceci couplé à la capacité d'innovation et d'autres paramètres avec une méthodologie bien échafaudée. Révisée selon l'évolution du contexte. Cet amalgame complet de prise de conscience vive, esprit stratège, vision transversale, agilité de déploiement semblent manquer aujourd'hui. Les ambitions semblent être décorrélées des capacités du terrain. Une sorte de polarisation entre les souhaits de l'élite Française et Européenne et les compétences actionnable sur le terrain.

C'est pourquoi je suis perplexe face aux cafés IA. Une session par semaine initiés fin mai 2024, chaque session durant à peine 1h30. Leur contenu dépendant de la maturité numérique, du métier et des attentes des intervenants et participants. Vous visualisez comme moi la chronophagie du dispositif ?

Numérique et le peuple

Nos administrations étant le socle de notre état, des échanges vers l'extérieur et de la vie de nos citoyens, nous avons encore une marge de progression pour nos démarches digitalisées.

Je vois bien les efforts pour fournir des données ouvertes (Open Data) et de transformer des processus pour les faciliter. Néanmoins, pour certaines démarches, il reste une amélioration nécessaire. Comme pouvoir commander son acte de naissance et de le recevoir en ligne, pouvoir voter en ligne, renouveler ses papiers d'identité en ligne et se rendre à la mairie ou en préfecture uniquement pour les retirer, créer une société plus rapidement, ...

Aussi, dans un objectif d'acculturation, les démarches numériques incitent naturellement les utilisateurs à monter en compétences. Plusieurs idées me viennent à l'esprit pour sensibiliser nos citoyens aux enjeux du numérique et de l'IA.

Néanmoins, pour aller vite et bien, la justesse des pas est primordiale. C'est pourquoi, avant de penser sensibiliser le peuple aux enjeux de l'IA et toute nouvelle technologie de rupture ; je crois qu'il est nécessaire de les faire monter en compétences dans les bases du numérique. Ils doivent comprendre ce qu'est un smartphone et les tenants aboutissants de l'utilisation de certaines applications dont les réseaux sociaux. Qu'est-ce-que la donnée ? Où est-elle stockée ? Qui y accède ? Les concepts du RGPD et de cyberdéfense.

Transparence limitante

A vouloir progresser et encourager l'innovation, à une vitesse plus rapide, une limite peut rapidement apparaitre : le manque de collaboration.

Souvent dû à des enjeux stratégiques et de gouvernance, les données étant l'un des socles de la pérennité des activités d'une entreprise, elles sont chéries et maintenues en interne. Alors que l'innovation a besoin d'une ouverture vers l'extérieur avec le partage de données essentielles pour avancer plus vite.

Cette croyance de limiter les accès aux données peut se révéler un frein au progrès. A l'innovation.

Un reportage de la chaine Euronews a très bien illustré la force d'ouvrir ses données entre institutions Européennes. Un laboratoire de recherche qui réutilisait les données de recherche d'un autre laboratoire ailleurs en Europe, lui permettant ainsi d'éviter de faire ces mêmes recherches et donc d'optimiser ses coûts, gagner en rapidité, apprendre de ces recherches déjà réalisées,... Pouvant alors se concentrer sur une valeur ajoutée complémentaire. S'enrichissant donc en consortium. Créant des synergies multidimensionnelles (numérique, scientifique, spatiale,...) entre les territoires.

On sait aussi que de grandes multinationales collaborent avec des pays de tout horizon pour faire progresser la recherche.

Cette limite d'ouverture à l'Open Innovation levée, inversons la.

Qu'en est-il d'une transparence permettant à des pays d'user de ces données à notre encontre ? A trop s'ouvrir, nous offrons une visibilité sur nos forces et failles, autant au niveau le plus haut, le gouvernement. Que le plus bas à l'échelle du citoyen. Une limpidité à en devenir vulnérable.

Une question d'équilibre encore une fois.

Café IA

J'ai déjà abordé le sujet, ici je développerai mes propositions. Pour rappel, je trouve que le Café de l'IA est une bonne initiative mais qui me semble chronophage à mettre en place au niveau national. Internationale pour nos compatriotes basés à l'étranger.

Je base mes avis sur la communication faite par le Conseil Numérique (CNum) à travers son livre "I.A. Notre ambition pour la France" et ma participation à l'une des sessions des Cafés IA, la troisième qui a eu lieu le 11 juin 2024.
Les présents oscillaient entre 20 et 30 participants. Un élément qui est certain, beaucoup de bienveillance régnait pendant cette session. Plusieurs propositions ont été transmises par les participants venant d'horizons différents. Ayant rejoins la session qu'à partir de 14h10, j'ai constaté que ceux prenant la parole étaient souvent des seniors. Intéressant !

Je me demandais alors si la fréquence est à raison d'une fois par semaine et d'une durée de 1h30. Ça fait 6 heures par mois. Pour atteindre les populations avec différents niveaux de maturité de connaissance, trouver le meilleur créneau pour réunir un maximum, les vacances d'été avec en plus les JO, faire échanger les participants sur les sujets d'actualité, les sensibiliser,... ça me parait illusoire de commencer des actions de terrain et qu'elles soient porteuses avant la rentrée de septembre.

Voici mes propositions pour accélérer autant la prise des Cafés IA mais plus que ça, l'acculturation de notre population en France et résident à travers le monde :

- Si l'on souhaite être parmi les leaders, acculturer notre peuple à plus que juste l'IA.
- Si réalisé à travers les Cafés IA, renommer le nom
- Faire accepter ces nouvelles technologies
- Créer une émission télévisée sur l'une des chaines généralistes Française. Ludique et cool pour que le public veuille suivre l'émission.
- Uniformiser l'acculturation - Socle
- Individualiser l'apprentissage des notions complexes
- Diffuser la sensibilisation sur plusieurs canaux digitaux
- Diffuser la sensibilisation sur le terrain - physiquement
- Former à leur utilisation
- Guider vers la détection des cas d'usage : quels processus peuvent être remplacés par l'IA
- Privilégier le collectif

- Laisser s'exprimer la liberté individuelle
- Oeuvrer pour l'expression libre / démocratique
- Encourager l'innovation, un terrain d'expression

Enrichissement du débat

Dans le panorama des débats, il me manque des catégories de personnes pour être certains d'avoir une exploration à 360 degrés. Les seniors et les plus jeunes de moins de 20 ans.

J'appelle ici à plus d'humanisme, un véritable collectif. Car réussir la transformation non plus digitale ou numérique mais plutôt la "transformation technologique". Nous mêlons et ajouterons progressivement tellement d'objets nouveaux qui vont aller au delà du numérique. Robotique, quantique, espace, internet des objets, voiture autonome,   les volets environnementaux avec l'utilisation de l'hydrogène,... que le numérique est pour moi déjà une notion obsolète.

Idée hors du commun

Certaines personnes éprouvent des difficultés à avoir une vision. C'est pourquoi lorsque nous entendons Elon Musk, la plupart sont ébahis. Car il a une vision. Lointaine. Grande. Qui parait irréaliste. Alors pourquoi en France on souhaite concurrencer les meilleurs et les plans d'actions laissent parfois à désirer ? Pour être parmi les fous, il faut trouver des esprits similaires. Donc des fous. Ce que moi je nomme plutôt des : visionnaires.

Au delà de nos capacités à reproduire ou suivre le mouvement des BigTechs, j'aimerais tant voir des idées émergées sortant du lot. Nous positionnant parmi les initiateurs et non les ralentisseurs comme beaucoup prétendent à cause des régulations. C'est pourquoi je propose un comité plus proche des entrepreneurs et du peuple pour entendre les propositions. Ouvrir, communiquer et faciliter l'accès à la chambre de la contribution au plus grand nombre.

Harmonisation

Il me manque une harmonisation dans les actions menées par le gouvernement depuis plus d'une décennie. Je constate une nette amélioration depuis la prise de fonction de notre président de la République actuel Emmanuel Macron. Ce qui est très bien. En revanche, les entrepreneurs ont une soif de réalisation, de progresser, de faire bouger les lignes. Et c'est en avançant dans les rouages des différents dispositifs qu'on réalise qu'il y a peu d'harmonisation. J'en ai déjà parlé dans les précédents chapitres, les fameux douze travaux d'Asterix.

Je verrai un rapprochement des actions menées, une meilleure communication entre les institutions étatiques. Procéder à la sélection des meilleures institutions, meilleurs dispositifs, la consolidation des actions par cette sélection puis procéder à une communication de masse.

L'écoute

A l'ère du "vite" et des "technologies", il est important de savoir écouter l'autre. Allier ses forces. Beaucoup d'idées sont intéressantes mais sans saisir un temps d'écoute, de s'ouvrir à la différence et cerner les apports de ces idées, nous monterons avec beaucoup de peine parmi les leaders.

L'opinion

Changement de paradigme. Sûrement une réflexion et un débat pour les sociologues, philosophes et psychologues. Pourquoi y a t-il autant de personnes qui se plaignent en France ? Pourquoi sont-ils autant fatalistes ? Où sont passés les rêves et les ambitions ? Comment l'opinion publique pourrait être plus confiante envers l'état ?
Je verrai des actions plus concrètes et de proximité pour le peuple Français. Tout en étant communiquées à grande échelle.

A l'unisson

Tel que le vote, une contribution citoyenne à imaginer qui fédèrera le peuple Français et plus largement Européen pour s'unir autour de cette action forte.

Consolidation

Avez-vous déjà remarqué le nombre de plateforme numérique que nous avons ? Savez-vous laquelle utiliser ? J'en ai fait personnellement l'expérience lorsque je recherchais à joindre un service étatique et sans l'avoir remarqué j'avais basculé de la région d'Ile de France à celle de l'Ain. Allant de justesse contacter le mauvais service... Je comprends la nécessité pour plusieurs démarches de localiser au niveau régionale ou locale. Mais un seul site avec un menu guidant vers les spécificités des régions est préférable. Encore une choix ça rejoint une harmonie à trouver.

Recrutement

Ouvrir ses chakras en s'ouvrant à des profils atypiques et les former si besoin. Faciliter le processus de recrutement.

L'engagement au niveau national

Le meilleur pour la fin :)

Appliquer les notions de l'engagement des collaborateurs en entreprise à l'échelle nationale. Donc je vous laisse en faire le parallèle entre l'engagement d'un collaborateur à l'engagement d'un citoyen Français et Européen.

Ci-après, je vous partage un passage de mes travaux de recherches que j'avais fait il y a quelques années et qui semblent toujours d'actualité. Autant en entreprise qu'au niveau d'une nation. A utiliser et paralléliser dans sa sphère personnelle pour ses enfants, ses voisins, ses amis autant que dans la sphère professionnelle ou associative contribueraient à un monde meilleur. Plus enclin à innover car plus ouvert. Plus bienveillant et moins rigide.

Les trois types de collaborateurs / citoyens :
- Engagé : le travail est fournit avec passion and ressent une profonde connexion à leur société. Souvent moteur d'innovation et contribue à faire avancer l'entreprise.

- Pas engagé : essentiellement "checked out" avec une attitude nonchalante envers leur travail. Du temps est investi mais sans énergie ou passion dans leur travail. Le plus enclin à nuire à la société si ses droits sont bafoués.

- Activement désengagé : ils ne sont pas uniquement malheureux au travail ; ils sont occupés à transmettre leur malheur. Chaque jour, ces collaborateurs recherchent à détruire ce que leurs collègues engagés accomplissent.

Les menaces pesant sur l'engagement des collaborateurs.

- Vision floue de la stratégie de l'entreprise
- Vision floue des valeurs de l'entreprise ou non incarnées
- Mauvaise ou peu de communication du manager
- Non respect des engagements d'évolution de carrière, d'augmentation, de mutation, ...
- Feedbacks rares ou non constructifs
- Manque ou peu de reconnaissance
- Eloignement physique chez le client créant un isolement (ce que nous pourrions transposer avec la ruralité)
- Injustice à répétition

- Manque d'équité entre les employés
- Environnement malsain
- Agression à répétition
- Personnes toxiques au sein des équipes infusants une haine contre d'autres équipes ou la société
- Manque d'engagement pour optimiser l'empreinte carbone de l'entreprise ou de l'équipe
- Tâches inadéquates au profil ou aux aspirations
- Plusieurs sons de cloches
- Manque de formation
- Manque d'écoute de la part des managers

Les leviers pour un meilleur engagement.

- Vision - La vision de l'entreprise est clairement définie et est accessible de tous
- Cohérence - Compréhension et alignement avec les valeurs de l'entreprise
- Fond - Communication des objectifs et attentes par les managers
- Forme - Communication ouverte, fréquente entre les collèges et avec les managers
- Débat social - Echanges d'idées, feedbacks planifiés et à la demande. Constructifs. Trop positifs, ils n'aident pas les collaborateurs. Ils doivent être au plus juste des faits. Tout en ayant une assertivité lors de leur communication.
- Reconnaissance - Reconnaissance du travail et des efforts fournis par le manager. En privé et en public devant les autres membres de l'équipe.
- Respect - Confiance accordée aux collaborateurs.

- Valeurs humaines - Démontrer que le manager est une personne de confiance. Les actes et attitudes parleront pour la personne.
- Culture - Présence d'un véritable esprit d'équipe. Réel et solide.
- Culture - Encourage la créativité et l'innovation.
- Culture - Faire preuve de respect et de tolérance.
- Culture et collectif - Encourage la collaboration et le partage sans critique lors de situation difficile. Sans préjugé.
- Formation - Déléguer et responsabiliser.
- Formation - Former aux dernières tendances

Conclusion

Les moments que nous vivons semblent déstabilisants. La direction que nous empruntons semble floue. Les stratégies sont défiées, bousculées qui demandent une certaine agilité. Les enjeux sont énormes. À toute échelle et dimension de la société.

Les technologies de rupture progressent vite. Leur accélération et particulièrement celle de l'intelligence artificielle progresse à différentes vitesses. Selon les pays, les secteurs d'activité, selon les postes occupés et l'écosystème dans lequel un individu évolue, l'onde de choc est plus ou moins proche.

Pendant que nous sommes occupés, submergés par nos vies, travail, social, loisirs, spiritualité, ... dans les coulisses, en trame de fond, se joue notre avenir. Nos métiers sont revus, nos moyens de locomotion évoluent, nos modes d'habitations s'hybrident... Certains craignent la colonisation de nos vies par ces technologies de rupture.

Les débats sur ces sujets sont nombreux. Parfois, les intervenants divergent à des termes tel la révolution que nous vivons, qu'ils qualifient plutôt d'évolution. Que nenni, à mon humble avis, l'IA apportant un chamboulement dans nos vies, provoquant des émotions intenses au passage comme l'anxiété de se voir renvoyer de son travail pour être remplacé par une machine, remplacé par un système prenant place de conjoint ou amant ayant alors une meilleur écoute des attentes et besoin. Sacrée révolution !

Mon imagination et mon optimisme me portent à croire en un avenir merveilleux croyant en l'humanité de beaucoup. Ma rationalité me rappelle que ça ne se fera pas en un claquement de doigt. Il va falloir oeuvrer dur pour forger une solidité d'esprit et se protéger. Mes valeurs m'amènent à prendre du recul sur le contexte de notre écosystème et voir d'une autre fenêtre nos différentes temporalités.

Mes échanges avec diverses classes de population que je vous ai exposé ici avaient comme objectif d'apprendre à saisir chaque instant, ouvrir ses chakras pour se connecter à notre monde. Environnement de l'instant. Mes échanges étaient unanimes sur un point : la période que nous vivons est complexe. Dure.

La globalisation du numérique et des technologies facilitant sa propagation, les réseaux sociaux abêtissant ceux qui se laissent séduire par un contenu moins porteur courent à leur perte intellectuelle et indépendance.

Je garde tout de même foi en un groupe de personnes oeuvrant aux quatre coins du globe, dans l'ombre parfois, pour sensibiliser le plus grand nombre et construire individuellement et ensemble un meilleur monde.

L'IA semble âpre pour certains. En souhaitant que le temps permette de leur adoucir sa compagnie. A travers ces pages, j'ai désiré vous ouvrir les portes à ma vision, mes réflexions, mes découvertes en espérant de tout coeur inspirer certains, en éveiller d'autres sur les enjeux que nous avons à relever. Avec solidarité. Les bénéfices du collectif et d'humanité que je mets en avant à l'ère de l'IA. Un peu de chaleur à un temps qui semble froid à quelques uns.

Pour répondre à ces nouveaux défis, inlassablement plus impactant, plus immisçants dans notre intimité et nos vies professionnelles, des réflexions sont menées pour conceptualiser leurs fondements et des recherches approfondissant concrètement...

Par les craintes engendrées par l'IA et son côté anthropomorphe, l'envie de vouloir en savoir plus, de se former, parfois juste d'échanger à son sujet, crée un blocage chez beaucoup de personnes. Aussi, l'IA gagnant de plus en plus de terrain, certains pour ne pas afficher leur incompréhension, cacher leur méconnaissance sur le sujet et donc éviter le regard de leurs homologues se faufilent en changeant de sujet, devenant agressifs ou complément hyper-optimistes (ou naïfs dans quelques cas) face à cette révolution. Déculpabilisons.

Ce message pour les esprits critiques, les chercheurs, les doués de raisonnement et en constance progression intellectuelle, pour combler le vide créé par les réseaux sociaux et les technologies, la diminution du raisonnement avec la facilitation offerte, la perte de valeurs recentrant sur l'importance de l'humain ; notre quête d'enrichissement individuelle devrait être contagieuse. J'insiste sur l'aspect individuel car selon moi c'est en se connaissant soi-même, progressant physiquement, mentalement, spirituellement, intellectuellement, ... que nous pourrons impulser de quelque chose de beaucoup plus grand que nous. Réunis. C'est l'une des raisons pour lesquelles je me suis lancée dans l'entrepreneuriat. Me sentant limitée par les modes de pensées de certains et tentant de réduire ma vision du monde à la leur. Trop souvent pessimiste, réductrice et limitante.

Nous sommes déjà guidés et structurés par des lois, nous n'allons pas aussi laisser certains hacker nos esprits. D'après Asma Mhalla dans son oeuvre "Technopolitique" paru début 2024, les technologies font de nous des soldats. À voir les jeux géopolitiques, des BigTech et BigState, il semblerait effectivement. Néanmoins, je suis persuadée que les technologies, si bien cernées et utilisées à bon escient, font de meilleurs "nous". À condition d'être maître de ses émotions pour contrôler toute impulsivité et addiction à leurs usages. Nous passerions de soldats à maîtres en manoeuvres technologiques !

Ma position est claire. Je suis pour les innovations, les nouvelles technologies,... en deux mots: les progrès. Mais pas au détriment de mes chères libertés. C'est pourquoi je suis de ceux qui sont "pour" les régulations. Poser un cadre. Des limites à la folie humaine. Je l'assume moi-même innovante je sais bien que pour innover, créer, disrupter, une folie d'esprit est nécessaire. Certains savent contrôler cette folie quand d'autres veulent assouvir leur plus profonds désirs. Je crois que le facteur qui nous polarise est la capacité de maintenir une cohérence avec ses valeurs humaines. Ses principes. Penser avant tout aux conséquences de nos innovations sur l'humanité.

Dans un monde qui s'annonce métallique sans action de notre part, je souhaite de tout coeur que mon livre vous aura apporté un peu de douceur intellectuelle et effleurer l'idée que notre monde a encore du chemin à parcourir au delà juste des technologies.

Tout en développant et initiant des projets d'entreprenariat, je poursuis l'exploration à travers le monde et en échangeant nos regards, en agissant ensemble. Prochain évènement auquel je participerai aura lieu ce soir le 12 juin 2024 et dont la thématique résonne en moi et le contenu de ce livre "L'"intelligence du coeur fera la différence à l'ère de l'intelligence artificielle" organisé par la Heart Leadership University à Paris 6ème.

Là où nous perdons la main sur notre savoir-faire saisit par ces machines qui dévorent nos connaissances, nos apprentissages de nos expériences, nos modes de pensées, ... notre savoir-être, notre personnalité et notre solidarité envers autrui vont être remis en exergue.

Je réutiliserai deux slogans de médias français "Parlons vrai" et "La France a tout pour réussir". Sud Radio et BFM Business.

Je rêve de retrouver les lettres de noblesses se dresser et s'élancer mondialement. Une patrie forte par sa culture et redorer notre blason avec une colonne vertébrale gouvernementale à la prestance royale de jadis, avec une agilité d'action tels les légionnaires, la précision de nos Maisons de luxe et dotée d'une vivacité d'esprit digne du siècle des Lumières. La France rayonnant mondialement.
Dissolution de l'Assemblée Nationale par notre président de la république Emmanuel Macron. Le 9 juin 2024 à 20h. Onde de choc nationale. Un mal pour un bien ? L'avenir nous le dira.

Crédits : Peggy_Marco
site pixabay.com

Je constate que la France est à un tournant géopolitique sans précèdent. Là où notre président actuel oeuvrait pour positionner la France parmi les meilleurs ; je ne suis plus convaincue de ce gain avec certains partis. Chaque mandat présidentiel présente des failles et je ne suis pas totalement alignée avec quelques choix stratégiques et géopolitiques de notre président. Néanmoins, maintes actions ont été positives et ont permis à la France de rayonner à nouveau et au delà de certaines frontières ou jadis nous pouvions être raillés.

Eternelle optimiste-pragmatique, je crois en des êtres humains portant l'étendard de l'humanisme pour combattre la part sombre mais heureusement minoritaire d'autres.

Aussi d'autres enjeux se jouent en horizontal comme les stratégies environnementales qui allient des défis d'envergure comme l'électrification des trains, l'hydrogène, la fabrication de batteries pour gagner une souveraineté industrielle. Des processus demandant une temporalité longue pour déployer ces améliorations.

Je me permets de remettre en cause certaines réflexions pour nous demander collectivement, est-ce qu'on pose les bonnes questions ? Sommes-nous cohérents avec la vision stratégique pour la France et l'Europe ?

Je vous invite à ouvrir ensemble un terrain d'échange optimiste et favorable au progrès ; à l'amélioration des systèmes intelligents et à leur déploiement conditionné à un humanisme de fond.

Accélérons la progression de la France et de l'Europe en repensant vite nos modes multidimensionnels. La lumière de l'univers est assez inépuisable pour la partager.

Evitons le chaos en façonnant un futur rayonnant.
Individuellement, élevons-nous.
Collectivement, dépassons les clivages, nos limites.
Ensemble, solidaire, agissons maintenant.

186

#HumanAIBoostedAndUnified

Remerciements

Avant de clôturer ce livre, j'aimerais vous remercier chaleureusement, chère lectrice et cher lecteur ; votre temps si précieux consacré à sa lecture et le regard que vous avez posé sur les lignes de mon esprit me remplissent de joie. Si vous souhaitez prolonger ce voyage et me partager votre regard, je vous invite solennellement à rejoindre mes réseaux sociaux accessibles par ce simple lien : https://linktr.ee/wardabailiche. Je tiens également à témoigner ma profonde gratitude à mes chers qui m'ont épaulé tout au long de mon cheminement de vie. À m'imprégner l'importance des valeurs humaines et à m'insuffler le désir inébranlable de la quête du savoir et de l'entrepreneuriat. Réelle source d'inspiration, ils ont également su me faire rire durant cette aventure lorsque je rechercherai mes mots et me rappeler l'importance de s'aérer l'esprit lorsqu'on souhaite transmettre. Le message est soudain plus limpide. Une mention spéciale à mon tendre mari ainsi qu'à mon adorable fils qui ont su me témoigner un soutien sans faille. Il me tient aussi à coeur de remercier toutes les personnes exceptionnelles que j'ai eu l'honneur de croiser sur mon chemin partout à travers le monde. L'occasion d'échanger nos perspectives, de nous enrichir mutuellement, de progresser ensemble. La chance de jouer notre mélodie étoffée par le collectif. Chacun à contribuer à notre échelle pour un meilleur monde dans un écrin fraternel.

Chers amis et lecteurs du monde, au plaisir de nous revoir !

Cordialement,
Warda Baïliche - Berrached

Bibliographie

- Steve Jobs' Legacy: 360 Degree Engagement
- Comportement humains et management - Bailly, Bourgeois, Gruère, Raulet-Croset, Roland-Lévy et Tran - 2013
- La psychanalyse expliquée aux managers - Roland Brunner - 2011
- En avant toutes - Sheryl Sandberg - 2013
- Christian Vandenberghe (HEC Montréal) - L'engagement des salariés dans l'entreprise : les liens entre le modèle tridimensionnel de Meyer et Allen et le changement organisationnel par réduction de main-d'œuvre - 1998
- 2016 Trends in global employee engagement - Aon Hewitt
- Le loup de Wall-Street - Martin Scorsese - 2013
- Institut Gallup: L'engagement des employés
- Cas Sodexo - Article Le Monde
- Le retour du désengamgent - RH Info
- The power of recognition - Yale
- Can employee engagement really boost sales? A new study may have the answer - Yale
- Engagement toolkit for managers and leaders - Harvard
- Harvard Business Review : The dark Side of High Employee Engagement
- The two sides of employee engagement
- The four secreets to employee engagement
- Being engaged at work is not same as being productive : Why the millions we spend on employee engagement buy so little

- What great managers do to engage employees
- Technopolitque, comment les technologies font de nous des soldats - Asma Mhalla
- Géopolitique du numérique : l'impérialisme à pas de géants - Ophélie Coelho
- Atlas - Film avec Jennifer Lopez - 2024
- Improve employee enggement and performance – Human Resource Management
- https://shanewatson.au/blogs/posts/the-new-age-of-hyper-professionalism
- https://www.lemonde.fr/emploi/article/2016/03/30/plus-l-entreprise-est-grande-plus-l-engagement-des-collaborateurs-diminue_4892204_1698637.html
- Consommation eau des data centres : https://www.techtarget.com/searchdatacenter/tip/How-to-manage-data-center-water-usage-sustainably#:~:text=For%20context%2C%20the%20average%20data,its%20relation%20to%20energy%20consumption
- kWh pour générer une image : https://www.bfmtv.com/tech/intelligence-artificielle/creer-une-image-par-ia-peut-consommer-autant-d-energie-que-recharger-un-smartphone_AV-202312040549.html
- https://www.visiondirect.fr/conseil-sante/exercices-fatigue-visuelle#:~:text=Face%2520%C3%A0%2520nos%2520%C3%A9crans%252C%2520nous,fois%2520pour%2520r%C3%A9hydrater%2520l'%C5%93il
- https://canada.lenovo.com/fr/ca/en/glossary/what-is-semiconductor/?orgRef=https%253A%252F%252Fwww.google.com%252F

- https://universpharmacie.fr/blog/article/la-nomophobie-quand-laddiction-a-votre-telephone-impacte-votre-sante.html#
- https://www.congress.gov/
- https://www.planetesante.ch/Magazine/Sante-au-quotidien/Secheresse-oculaire/Travail-a-l-ecran-prevenez-le-syndrome-des-yeux-secs
- Mon expérience de vie et mes réflexions